劉大年

近代中国儒学思想史

安藤彦太郎・小池敏明・斎藤泰治・竹中憲一共訳

目次

近代中国儒学思想史

劉大年

緒　言

「余は哲学に疲れて久しい」これは王国維が彼の愛した哲学研究に訣別したときの言葉である。私も、『近代経学』というテーマを取りあげては置き、置いては取りあげること幾たびか、これまで少なからぬ時間と精力を費してきたが、このへんでまずはひとくぎりとしたい。ただし、王国維のようにこれが新しい研究の端緒を切り拓くことになる可能性はあるまい。

目下中国は現代化建設のさなかに在り、孔子の学説を解説し研究する経学と、人びとが関心を持つ現代化建設のなかのさまざまな問題とは、天と地ほど隔たっている。それをいまになってなぜ引き出して論評するのか。いかなる思想学問にも一定の範囲というものがある。歴史上の思想や理論の論述を、すべて現代の生活に直接結びつけようというのは、最終的には学術研究の否定につうじ、そんなことは出来るはずもない。孔子の思想、理論は中国の最も広範な文化遺産を包括するものである。近代経学の論評は、眼前の問題ではないけれども、儒学の見方、認識の問題に渉るものである。事物とは運動のなかで認識すべきものではないだろうか。中国の近代社会の歴史は激しく変動し、近代経学の状況、地位、役割も急速に変転してきた。この過程において、経学は儒学思想・理論の地位と役割を映し出しているが、これはほかの地点からではっきり見ることの出来ないものである。

中国近代社会史の基本問題、主要矛盾の闘争は二つある。一つは民族が独立を失ったために、帝国主義侵略の圧迫からの解放を要求すること、二つめは、社会的生産が立ち後れたために、工業化・現代化の実現を要求することである。近代経学は、近代社会史のこのような問題を、伝統文化の深層から読み解いた。今文、古文両派は、儒学といくつかの儒学の典籍とをどのように評価するかについて討論し、激しく論争したが、その根本的な真実は、旧来の規範に従うべきか否か、目前の社会のもっとも先鋭な矛盾、闘争の問題をどのように儒学を応用して判断し、対処するかについての論争であった。かれらは維新運動と辛亥革命の世論がつくられるなかで、あるいは時代の流れを指導していると自負し、あるいは時代の流れに追いつきたいと願った。かれらに共通する思想は民族思想であった。しかし、これらの重大な事件が起こってはたちまち過去のこととなり、新しい社会勢力を背景に、中国の活路を探し求める新しい思想文化運動が勃興した時には、かれらはいっせいに回れ右をしてしまった。儒学の改造はもう言わなくなり、孔子を批判したかつてのふるまいを悔悟した。取って代わった主張は、尊孔読経であり、五四運動が提起した民主と科学には背を向けて歩んだ。今や復古主義がかれらの共通の思想となった。近代経学が人びとの前に大書した二つの言葉は、民族思想と復古主義であった。明白なことはこれら二つの言葉が、孔子の思想理論の中にもともと含まれている内容を取り出して強調したもので、近代経学が外から付け加えたものではないということである。前者は、中華民族の悠久に続く歴史を認識し、外からの侵略に反対することにつながっており、後者は、中国社会が発展前進していくことを認めず、小農生産、血縁関係、閉鎖社会の準則が永久に適用できる普遍の準則であることを是認するものであった。これでは前後が矛盾して、論理に合わないと思われるだろうが、しかし事実はこのとおりなのである。一般的に言って、どの民族も現代化に進むばあい、伝統文化の根底を離脱することはできない。同様に、古臭い、主として停滞社会の生活を反映した伝統を、徹底して清算し批判しなければ、発展創造どころか、近代化も話にならない。こんにちの中国の現代化は、伝統文化や周囲の環境条件と無縁な状況のなかで進められているのではない。それは伝統文化の根幹を識別し、そのなかの発展を阻碍する廃棄物を徹底的に清算し批判する、という問題に必然的にぶつかるであろう。近代経学というテーマは、とっくにキバを抜かれているとはいえ、それを現代の手軽な時事解説のように見なしさえしなければ、そこからこんにちに関係する有益な若干の認識が得られるもの、と私は考えている。

儒学に詳しい研究者によれば、経学研究は目下、儒学研究の焦点のひとつになりつつあるという。欧米の漢学者の参加を欠いては、おそらくなんらかの焦点となることはかなわないであろう。私の見た欧米の学者の経学についての研究著書は多くはないが、最近江蘇人民出版社から翻訳が出版されたアメリカのカリフォルニア大学ロサンゼルス校のエルマン教授の『経学・政治・宗族――中華帝国末期の常州今文学派の研究』[1]はこういった著作の新しいものの一つであろう。この著者の出発点は、著者がこれまでずっと引き裂かれてきたと考えている「思想史」と「社会史」の研究を結合して、思想と社会構造を有機的なつながりをもって人びとに理解させるということである。言いならわされた言葉でいえば、これは唯物論に接近する出発点である。著書の大意は、千五百年間埋没していた前漢の今文経学が乾隆年間に突然復興したのは、政治闘争の産物であったということである。礼部侍郎に任ぜられていた荘存與が、乾隆帝の寵臣和坤が法を曲げ権力を縦にするのに反対し、両者の間に矛盾と不和が生じた。荘存與は高齢で勢力を失い、故郷の常州に帰って今文経学を講じ、これを借りて和坤を批判した。荘氏の一族は大きな勢力を持ち、この地のもうひとつの大一族である劉氏と姻戚関係を結んでいた。この劉氏が劉逢禄の出た一族であり、荘存與の今文経学は外孫の劉逢禄に伝えられ、劉逢禄はついには清朝の今文経学の指導者となった。思想史と社会史の分裂はこうしてつながりをもち、結びつけられ、「経学、宗族、政治の三向互動」が形成された。そして著者はつぎのように断言する。「常州の思想史は、儒学がひとたび国家または地方の難題を解決しようとするやいなや、自分自身では意識していない社会構造に依拠しなければならなくなることを示している」。「『現代中国』と康有為の思想を強調し過ぎることから、中国と日本の歴史学者は、清代今文経学の性格をけっきょくは誤解してしまったのである」。「われわれは発端と終点とを入れ替えなければならない。……荘存與と劉逢禄は帝国末期の政治世界の舞台の中心に立っていたのだ。これと比較すると、魏源と龔自珍は脇役に過ぎない。……われわれは『康梁』の研究から『荘劉』の研究に転ずる必要がある」。この本は確かに全篇が清代今文学の「発端を発端として掘り下げる」仕事にあてられ、人々に新しい知識を提供しており、この点は十分に評価しなければならない。その中のいくつかの重要な論点は、直接間接に私の近代経学についての論述にかかわりを持ってくるので、ここでいっしょに私の見解も述べておくことにしよう。

一、清代の今文学発生は、荘存與と和坤の政治闘争に起因するという説は、排除はできないものの、今のところ仮説に過ぎない。荘存與は孔広森と同時に今文経学を講じ始めたが、どちらが先かはまだはっきりしていない。孔広森は翰林院編修に任じ、『春秋公羊経伝通義』を著し、一七八六年、壮年で早世した。荘存與の著した『春秋正辞』は、一七八六年、官を辞して常州に戻った後に完成したはずだ。この点がもし事実なら、孔広森の書が先で、荘存與の書が後になる。荘存與が年長で、孔広森は荘存與に学問について尋ねたことがあると言われる。しかし、二人とも今文学だけを講じたのではなく、それぞれ少なからぬ古文学の著作がある。孔広森が荘存與に尋ねたのが今文学なのか古文学なのかは知ることができない。孔広森の政治的態度および荘存與と孔広森の今文学完成の時期についての考察をひとまず脇においても、今文学が政治闘争に起因するとするのは妥当とは言いがたい。公羊学にはいわゆる「春秋は世卿を譏《そし》る」「春秋は賢者の為に諱《い》む」といった言葉がみられる。また三科九旨、「誅、貶、絶」などの言葉もある。どのような人、どのような事に毀誉褒貶を与えるかは、聖人孔子の特権であって、他の者はこれを行ってはならない。他の者のしなければならないことは、これらの褒貶の一字二字、一言半句の違い、あるいは言葉を曖昧にした書き方を正確に理解し、孔子がどのような微言大義を表そうとしたかを正確に理解することであって、著者の私見や謬見をひそかにまぎれこませたりしてはならない。荘存與は、身は朝廷の大臣であり、在職中、和珅の法を曲げての専横ぶりを黙って傍観し、後になってから私的な著述を利用してひそかに攻撃をかけた。どうどうたる経学の著作が、陰に回って人を中傷する手段に変えられてしまった。これでは道徳の文章によって人を育てる有徳の士の行為としてあるまじきことになる。まして和珅を風刺するなどと言うことは、間接的に乾隆帝をも指弾することになる。当時の文字の獄の重圧のもとでは非常に危険なことであるとエルマンも認めている。こうしたことはことごとく、今文学が荘存與と和珅の矛盾と闘争に起因するという説に大きな疑問が残ることを示している。

二、常州の荘、劉二大家族と今文経学の復興から思想史と社会史の関係を考察したエルマンの著作は、モノグラフとしては、大きな魅力を感じさせる。個別研究と総合研究は不可分である。たとえば康有為の家族と康有為の若年の経歴を研究して、清帝にたてまつる上書の中でかれが述べた「陳勝は隴上に耕す手を休め、石勒は東門に依嘯する」について、改良にも農民起義を防止する意味があったと主張することは、私たちの康有為の思想にたいする理解に社会的内容をつけくわえることになるだろう。しかし、それはこの場合に限られるものである。したがって、ある特殊な大家族の研究だけに依拠しては、思想史と社会史の「分裂」を解決するという目的を達することが不可能なのは明らかだ。家族の紐帯は、儒学の「自分自身が意識していない社会構造」と等しいわけではない。家族の内部は分裂しているものであり、それは社会の決定的役割を果たす基礎構造ではない。儒学が依拠した「自分自身が意識していない社会構造」とは当時の社会生産力と生産関係の双方にかかわる普遍的に存在する社会基礎構造でなければならない。社会基礎構造が変動すると、人びとの思想認識、学術的観点も変動する。学術の伝播は通常は「先生が教えたものを弟子が学ぶ」のである。その中には地域と関連のあるものもあるが、大多数は無関係である。龔自珍、魏源、凌曙、陳立、戴望、王闓運、廖平、康有為、梁啓超、皮錫瑞、譚嗣同は、みな今文学を講じたが、かれらと、家族や地域との紐帯にあった関係性は、誰にも見つけ出すことができない。かれらの思想は、相当な程度まで自覚的に時代の重大な矛盾、闘争とかかわりを持っていた。そしてこうした矛盾、闘争は、最終的にはまた社会基礎構造と切っても切れない関係があった。後者の点については、かれらは自覚的に意識していたわけではなかった。このことは、社会史と思想史の「分裂」を解決しようとすれば、社会基礎構造についての研究を進める必要があるということを物語っている。ある特殊な家族と思想文化との関係が密接であるというのは、多くの場合、例外的なことなのである。

三、荘存與、劉逢禄と、康有為、梁啓超の今文経学は、時代背景がまったく異なっている。エルマンの著書はこの問題において見解に混乱がある。荘存與は一七八八年に世を去った。それはアヘン戦争の半世紀前、康有為、梁啓超が今文経学を講じる百年前である。劉逢禄は一八二九年に世を去った。アヘン戦争までまだ十年あり、康有為、梁啓超が今文経学を講じるまでにはまだ五六十年ある。エルマンの著書は、「荘存與と劉逢禄は帝国末期の政治世界の舞台の中心に立っており」「私たちは『康梁』の研究から『荘劉』の研究に転ずる必要がある」と考えている。そういうことならば、荘存與、劉逢禄をしっかり研究しさえすれば、康有為、梁啓超もはっきり分かるということだ。ということはつまりアヘン戦争以前と以後とで、中国社会の基本矛盾、社会構造に変わりはない。社会の基本状況が旧来どおりであれば、支配的地位を占める政治思想学説も当然旧来どおりなのである。そこでなにも根拠のない、荘存與、劉逢禄は帝国末期の政治の舞台に立った中心人物であるという説が、地下からわくように出て来るのである。しかし、われわれはこれが歴史的事実による反駁に耐え得ないことを知っている。著者は中国の歴史を理解していないわけではないし、また、欧米の中国侵略を擁護する意図があるわけでもない。欧米の一部の論者が「アジア儒教資本主義」なるものとか「太平洋周辺地域研究」という新分野をつくり上げていることにたいして、エルマンは、こういったものをイデオロギーの構造として提起することは、日本の発明した「大東亜共栄圏」を連想させると批判している。しかし、かれは荘存與と劉逢禄にたいする偏愛のために、無自覚に極端な道に走ってしまい、その論は破綻をきたさざるを得なくなった。実際荘存與の今文経学の著作が論じた問題は、近代経学には何の影響も与えなかった。劉逢禄が有名なのは、その著書『左氏春秋考証』が古文経学を否定したことが、近代の今文経学と古文経学の闘争の争点の一つとなったためである。龔自珍と魏源が劉逢禄から学び取ったものは今文学の文献的知識であり、龔自珍、魏源の学問の重点は社会の現実問題にある。そしてこれこそ、劉逢禄が極力回避し、あえて触れようとしなかったものである。康有為、梁啓超の今文学もまた龔自珍や魏源の夢想しえたものとは違っており、まして劉逢禄と異なっていたことは言うまでもない。乾隆・嘉慶時代の今文、古文両派の共通点は相違点より多い。すなわち、いずれも書物のうえの文章であって、社会の現実からは離れているのである。近代今文学となると違う。それは近代社会の構造の変化、社会の現実における激烈な矛盾、闘争を反映している。エルマンの著書は、荘存與の今文学の観点を評して、「かれが追求したのは実際的にはただ、経学の遺産を維持することだけだった。かれには古代の理想を現代の混乱を収める処方箋とみなす傾向があり、こうした保守的政治観は、……かれが保守的学術観を述べる媒介となった」「もちろん保守主義は、荘存與の後継者である今文経学家、龔自珍、魏源にいたっては消失した」と述べている。このような評論は正鵠を射たものである。ちょうど原始儒学を改造してはじめて前漢の今文経学が出てきたように、保守的な乾隆・嘉慶年間の今文学を改造して―さらに大幅に儒学を改造したのはもちろんだが、そのあとで初めて康有為、梁啓超を頂点とする近代今文学があらわれた。かれらはもっぱら儒学を講じてはいるけれど、その中心のところはそれぞれが時代の産物であった、ということである。エルマン氏は博識であるのに、なぜかこの点には見識がおよんでいないのである。

四、エルマンの著書は、中国と日本の歴史家はみな清代の今文学の性格を誤解していると言っている。性格を誤解しているというのは、どうやら乾隆・嘉慶年間と近代とを分けるべきでないということのようだ。近代今文経学の性格に対する理解が正しいかどうかは、近代の今文、古文両派の闘争のキーポイントが何であったかを振り返ってみれば、一目瞭然である。ここでひとつひとつ論じる必要はないだろう。

『経学、政治、宗族—中華帝国末期の常州今文学派の研究』は、敬意を感じさせる著作である。その中で、孔子思想の研究が中国近代化の進展のなかで結局のところ、どのような役割を果たしたかについて、それは投票の形式で解決できるものでなく、研究と分析をする必要がある、と述べているが、これは優れた見識と言えよう。しかしエルマン氏が著書の中でふれた近代経学についての論点は、上に述べたように賛成はしかねる。

章炳麟はずっと学問と文章において自分が中国一であると考えていた。前期の一時期、文章は王闓運が一番、自分は二番と言っていたが、その後、王闓運にたいしても遠慮しなくなった。晩年には章炳麟は「学問の道は、愚を以って自ら任じるべきで、智と思うべきでない。たまたま得るところがあって、智のように見えることがあるだけなのだから、とりわけ自分を愚と見ることが必要だ。」「愚であること三度、智であること三度、かくて学、成る有り」。これは章炳麟自身の生涯の学究経験にたいする深い総括と言うべきであろう。三度の智、三度の愚というのは、回数を言っているわけではなく、人間の認識には反復があると言っているのだ。智も愚も進歩の過程である。学問をしていく上ではたえず幾たびもの反復と検証を経て、はじめて信ずるに足る程度にまで達することができる。私は近代経学についていささかの理解があると自認するものだが、しかし事実は智が少なく、愚が多いにちがいない。おそらく孔子がある人について言った、その智は及ぶべきなり、その愚は及ぶべからざるなり、という批判を、免れることは難しいであろう。

注

（1）ベンジャミン・A・エルマン趙剛訳『経学、政治和と宗族―中華帝国晩期の常州今文学派研究』江蘇人民出版社一九九八年

Ⅰ、今文経学の伝播、思想解放の萌芽（アヘン戦争前夜）

歴史上、長いあいだ埋没していた両漢の経学は、清代の乾隆・嘉慶年間に突如として盛んになり、一群の学術界の著名人を生みだした。それは、或る特定の社会政治環境の産物であると同時に、学術思想の変化自体の或る種の法則を反映したものであった。乾隆・嘉慶年間に盛んとなった経学には二派あった。一派は戴（戴震）・段（段玉裁）・二王（王念孫・王引之父子）と世に伝えられる、考証学の「正統派」と称する古文経学派であり、もう一派は荘存與、孔広森、劉逢禄を代表とする今文学派である。両派はそれぞれ主旨を異にし、別々の道を歩み、近代経学のなかで今文と古文は並び立っていた。今文学の伝播は思想界に変動をまきおこしたのである。

一、学者およびその著作

龔自珍（一七九二～一八四一）号定庵、浙江省仁和の人。道光年間に進士となり、宗人府主事、礼部主事を歴任、晩年に江蘇丹陽書院で教鞭をとった。著作には『定庵文集』がある。魏源（一七九四～一八六七）字は黙深、湖南省邵陽の人。進士出身で、知県、知州を歴任。著書に『聖武記』『古微堂内外集』『海国図志』等がある。『海国図志』は、林則徐の『四洲誌』および林則徐が広東で収集した材料の基礎の上に編纂してなったものである。しかしその中には確かに新しい思想がある。宋翔鳳（一七七七～一八六〇）字は于庭、江蘇省長洲の人、嘉慶年間の挙人。県訓導、知県を歴任、著作には、『過庭録』『論語説義』等がある。凌曙（一七七五～一八二九）、陳立（一八〇九～一八六九）もアヘン戦争後の著名な公羊学者である。

魏源は、一八一四年北京に来た。劉逢禄（一七七六～一八二九）はこのとき礼部主事に任じ、著述と講義を行っていた。劉逢禄の代表的著書『左氏春秋考証』は、『春秋左伝』を劉歆によって偽造されたものとした。また『箴膏盲評』を著し、この点について詳述した。魏源が劉逢禄から今文学について学んだのは二四歳の時だった。龔自珍は、一八一九年再び北京に来て、礼部の会試に参加し落第した。この年から龔自珍は劉逢禄から『春秋』公羊学の講義を受けた。龔自珍、魏源の二人は今文経学を修めたが、魏源が先、龔自珍が後で、二人とも直接劉逢禄から学んだ。魏源の経学を研究した著書は、一八三〇年以前に完成し、龔自珍の経学についての著述は大部分が一八二七年から一八三八年の間に書かれ、いずれもアヘン戦争前夜か、それに近い時期であった。封建的支配制度と社会的生産の長期停滞という固有の矛盾に加えて、日ましに強まるイギリスからのアヘンの輸入が、中国の社会生活に重大な破壊をもたらしているという矛盾とが、一つに結びつきつつあった。これまでとは違った社会的危機の爆発が、まさに起ろうとする寸前にあり、世事に関心を払う少数の知識人は敏感にこの点を感じ取った。龔自珍、魏源と前期の今文学派は、知識の面で伝授を受けた関係であるが、思想の面においては血脈がつながっているわけではない。彼らは積極的に自分の時代に対処しようとした新しい一派であった。

二、経学研究における思想、主張

龔自珍の経学に関する著述の主なものは『五経大義終始答問』、『六経正名』、『六経正名答問』、『大誓答問』、『説中古文』、『春秋決事比答問』等、総計約二万字がある。『五経大義終始答問』は、『公羊伝』の中で述べられている「大一統」「三世」説を重点的に解説している。龔自珍は、公羊学のいわゆる拠乱、升平、太平の「三世」にはさまざまなものがあると考えた。『洪範』の八政に属する一つの部分がある世を代表するとしているところがあり、また（八政の）一つの部分をさらに細工して三世に分けているところもある。上古、中古、近世という三世に分けているところもあれば、また同一時期、例えば「春秋」二百四十二年を三世に分けているところもある。語意は簡単で、ただ論断だけがあり、何の道理も語ってはいない。『六経正名』は、『十三経』に関する説を批判して、孔子が生まれる前に天下にはすでに六経があったと、指摘した。孔子が、述べて作らず、と言っているのは明確な証拠とするに足る。後世にかまびすしい紛議の末、六経を十三、十四経に増やし、「輿台の鬼と昊天の上帝」を並べ、わけのわからぬものにしてしまった。『大誓答問』は、いわゆる今文、古文について独特の見解をもっている。伏生が伝えた書は実は古文であり、欧陽生、夏侯勝、夏侯建たちは今文の読み方によってこれを博士に伝えた。このために後世、伏生が今文家の鼻祖とされ、名目と実際の間に混乱が生じた。孔子の家の壁の中に隠されていた書も当然古文であるが、孔安国は、今文によって読んだので、博士の伝習した書と違いがあるわけではない。しかし人々はこのために孔安国を古文家の鼻祖と呼んだので、また名目と実際の間に混乱が生じた。今文も古文も、ともに孔子によって校訂改編されたものに基づいている。前者は伏生によって読まれ、後者は孔安国によって読まれた。かれらがまだ読まなかったうちはすべて古文であり、かれらが読んだ後はすべて今文である。読む者が違えば、当然解説も違い、もともと同じ源から出たものだが、流れは二つになった。例えば後世の翻訳も、同じ言葉が二種類かあるいはそれ以上の訳をもつことがある。もともとの言葉には差がないのに、訳者が違えば訳もそれぞれ異なる。これが今文家と古文家の由来と差異の大まかなところだ、というのである。この叙述に従えば、『十三経』は半分以上が奴隷下僕の類ということになり、その神聖性は打ち砕かれてしまう。今文と古文が翻訳の上での差異に由来するに過ぎないなら、これをめぐって間断なく続けられた論争は、まったくの徒労にすぎない。そしてそのなかにはまさにかれ自身が講義している公羊学も含まれている。

龔自珍の経学についての全著作のうち、『六経正名』と『大誓答問』などは、飾るところがなく、独創性がある。『六経正名答問』の中では、劉歆が『左伝』を改竄したと確信している。『春秋決事比答問』は、董仲舒の「公羊治獄」にたいして何の批判も行わず、ただ解説を少し付け加えているだけである。部分的に「公羊氏は春秋改制の大義を受けた」と触れているが、詳しく述べてはいない。いくつかの考証、例えば荘子の『天運篇』を引いて孔子が六経を作らなかったことを証明しようとするなどは、相手を論破するには足りない。大体においてこれらの著述には、今文の趣旨が目立っており、議論に長じているということの学派の本来の面目も現れている。

魏源の経学についての著作には、主なものに『詩古微』『書古微』『董氏春秋発微』『両漢今古文家法考』等がある。魏源以前に、清代今文学に『尚書』と三家『詩』を専門に研究したものはあったが、それぞれの異同について述べることに限られ、真贋の問題を持ち出したものはなかった。『詩古微』では、『毛伝』が後に出た偽作であると断じ、斉(申培)、魯(轅固生)、韓(韓嬰)三家の説を強く主張した。『書古微』では、前漢の『今文尚書』の欠けているところを補い、誤りを正すとともに、閻若璩の『古文尚書疏証』が主張したように『古文尚書』『孔伝』を王粛によって偽造されたとしたばかりでなく、後漢の馬融、鄭玄の『古文尚書』も孔安国の旧説ではないと見た。魏源は、今文経学を講じる意味は、この学問が現実と結びつくことができるところにあると考えた。かれは師の劉逢禄の遺書のために作った序言のなかで述べた。今日、復古を語るのに、停滞不変であってはならない。古文経学は文字、声音、訓詁を言うが、ただ後漢の典章制度のうえに留まっているに過ぎず、さらに遡って、前漢の微言大義を探索し、それから「経学、政事、文章をひとつに貫くように(1)」すべきである。『董氏春秋発微』は、董仲舒の公羊学に関する変易の思想について述べている。董仲舒は、前漢社会の現実の矛盾に直面して、為政の道は「更化」に巧みであるべきだと、主張した。董仲舒は、琴瑟に重大な不調和が起こったら、弦を替え張りなおす必要があり、そうしてから演奏ができる。政治に障害があっていきづまっている時は、「更化」改革が必要であり、それから情勢を好転させることができる。琴瑟が弦を張り替えなければならないのに替えなければ、どれほど腕のよい職人でも調整することはできない。政治も改革すべきときに変えなければ、どのような賢者がいても、立派に治めていくことはできない、と指摘しているのである。『董氏春秋発微』では、こういった面の思想についてすこしの変更を加え、論述を行なった。公羊家の「三世」説については魏源が著した『黙觚』と『老子本義』に多く述べられている。魏源はときに「三世」と「三代」を混乱させ、これを引いて歴史を考察する。魏源は言う。漢の文帝は肉刑を廃し、三代は酷、然る後の世は仁である。柳宗元は封建を批判して、三代は私、後代は公と述べた。昔は、権力は世襲であったが、後に貢挙に改めた。その意義は封建を廃して郡県を設けたことに相当する、という。魏源は、ここから「三代は私、後代は公(2)」、後代は三代に勝るという進化の観点を得た。このような社会歴史にたいする見方は、なにかというと必ず三代を称える儒学の理想の中では一つの進歩といえよう。しかし魏源は厳格に古代歴史を語ることに限定し、自分の時代に触れることを避けた。かれは、太古、中古、末世という概念で歴史を区分したが、それらは不可知の「気運」とか「気運嬗《せん》化」によって、終わってはまた始まり循環を繰り返すというのである。前漢の経学のなかには、もともと陰陽家の陰陽五行の歴史循環論があった。「三世」説をこういった面から解釈すると、復古の陳腐なにおいのほかに、また別の内容がある。董仲舒は天人合一、天人相通を説いた。魏源はこの思想を発展させようと力を入れた。かれは古代文献の中の堯、傅説、文王等の人物が、幽明の理に通じ、人間の世界と神の世界を自在に往来するように描いた。『書古微』の中に言う。人類の初期、天と人は相通じ、天は下に通じ、人は上に通じ、天と人は朝に夕に言葉を交わした。古代の職官は或いは龍と称し、或いは鳥と称し、或いは雲と称した。龍、鳥、雲はまさに人と天が相通じる仲介者であった、と。(3) 魏源は、純粋に天をもって治めることも、純粋に人をもって治めることも、どちらも正しくなく、「天人合治」と、神の道によって人を教化することが同時に行われなければならない、と考えた。魏源の経学の著作は、扱う範囲が広範であるが、しかし一部の評論家が考えているような、かれが清代の今文経学の創始者であったわけではない。魏源のとなえた「気運嬗化」、天人合治などには、そもそも儒学の古義などは始めから存在せず、まったくの今文学のカスであった。魏源の「天人合治」の主張が表しているものは、基本的な知恵などではなくて、神学的なデタラメにすぎなかった。

今文学の重要な志向の一つは、「経世致用」つまり現実の需要と連係し、実際の問題を解決することである。

以上のことから見て取れるように、龔自珍と魏源の著作は、漢代の公羊学から劉逢録が『左氏春秋考証』で提起した今文経学の最も重要な問題まですべてに言及している。それはつぎのようなものである。

「大一統」説は、一統をもって大となし、一統をもって尊となす。「大一統」は何を持って大となし、尊となすのか。『公羊伝』は、史実を引いて解釈を加え、「一統」の意味は政治的な統一であり、民族の融合でもあるとする。このような解釈にしたがえば、「大一統」の思想は進歩的なものであり、歴史の運動の大きな方向に符合する。この思想が『春秋』から来たものであれ、漢の人びとから来たものであれ、同じことである。「大一統」は『公羊伝』を貫く基本思想であり、公羊伝を講じるには、まずこの基本思想を主張する。漢の武帝は、董仲舒の建議を受け入れて、諸子百家を退け、儒教のみを尊び、かなりの程度『公羊伝』を尊重し、大一統思想を採用した。これは歴史の向かう方向への認識であり、その要求するものであった。

『左伝』を中心とする古文経学は劉歆の偽造から出たとする説。今文経学の主要な経典は『公羊伝』である。これは、それまですべて口伝であったものを、漢初の人、公羊高がはじめて竹帛に書いた。前漢に現れたまったくの神学的予言に属する緯書『春秋緯』には、神学において緯と呼ばれる予言がひとつある。それは孔子が『春秋』を作ったのは、「漢の為に法を作った」のだというものだ。公羊家は、この説を取り入れ、孔子は受命して王となり、漢の為に法を作った、つまり、中国封建社会のために社会政治制度を制定した、と考えた。しかし、孔子は、本当に王位についたのではなく、ただ自分の主張を『春秋』の微言大義の中にひそかに含ませただけだ。『公羊伝』とは、この微言大義を解き明かした経典である。『左伝』は漢以前の古文で書かれ伝えられてきて、『春秋』の真の意味を伝えていないとみなされた。今文を尊重しようとすれば、『左伝』を打倒しなければならない。劉逢録は明確に系統立てて、『左伝』は劉歆の偽造によるという説を出した。龔自珍は、古文の真偽に重きを置かなかったが、魏源の『詩古微』『書古微』は、真偽を明らかにする著作であった。これと関連して六経は誰によって作られたかという問題がある。龔自珍は、孔子は述べて作らず、六経はただ孔子により校訂されたものと考えた。これは古文学派の見方と同じで、後の今文学派から反対された。

孔子学説の「託古改制」という考え方に関する問題。董仲舒『春秋繁露』、何休『公羊解詁』は、孔子学説の主旨は「託古改制」にあるとする。(4) 孔子が漢のために法を立てたというのは、漢のために改制するということである。「改制」説は、これにより公羊学の魂となった。龔自珍は少しこれに触れたが、すぐに触れるのをやめた。その理由は明らかである。今文経学と古文経学の論争の焦点は、一は古文が偽か否か、二は孔子学説の主旨が改制にあるかどうかである。古文が偽か否かは、学術問題に属するが、改制かどうかは、直接に政治の現実に触れる。そのため、劉逢録から魏源まで、古文経学は偽造されたと大いに説いたが、社会的な反対を引き起こすようなことはなかった。反対がなかったばかりでなく、古文、今文の両派は政治的には完全に一致協調していた。「改制」説はこれとは異なり、現行の社会政治制度への批判に及ぶ。アヘン戦争前夜の環境と条件は、まだこうした面での議論が展開されることを許さなかった。半世紀後になると、状況はまったく変わってしまった。

三、『春秋』「三世」説にたいする見方

『春秋』は、魯の隠公から哀公までを三世とし、昭公、定公、哀公の三公を孔子が見た世、文公、宣公、成公、襄公の四公を孔子が聞いた世、隠公、桓公、荘公、閔公、僖公の五公を孔子が伝え聞いた世とする。『公羊伝』に言う。三世は「見る所辞を異にし、聞く所辞を異にし、伝聞する所辞を異にする」。何休の解釈に従えば、「伝聞する所の世に於いては、治が衰乱の中から起こることをあらわし、心の用い方が未だ粗雑である。だから、その国を内にして諸夏を外にする。聞く所の世に於いては、治が升平であることをあらわす。諸夏を内にして夷狄を外にする。見る所の世になると、治が太平であることをあらわす。夷狄が進んで爵を持つようになり、天下の遠国も近国も、小国も大国も、すべて差別がなくなる」(5)。これによれば、歴史は古くから新しい所まで三段階がある。時代が近くなればなるほど時代がそれだけ進歩している。つまり孔子は自分の見た世を歴史上最もよい時代と思っ

ていた。一面では歴史に異なる段階の発展があると考え、一面では現在が歴史発展の最高点だと考える。これは「三世」説の自己撞着を示している。実は孔子は自分が歴史の最もよい時代にいると考えていたわけではない。かれは、それは「天下に道無き」乱世だとはっきりと述べている。「三世」説にはひとつの特別重要な点がある。同じような事件について三つの異なる「世」ではことなる書き方が存在する。すなわち「辞を異にする」である。『春秋』の微言大義は、孔子が漢のために法を制し、まさにこうした「辞を異にする」ことによって表現したものだ。『公羊伝』『穀梁伝』は、こうした「辞を異にする」にさまざまな解説をし、かってな憶測を行って怪しげな意味をつけ、結局何のことかわからない。公羊学者は、それらが孔子の深遠な歴史思想を伝えるもので、著述によって準則を示したものと考えた。「三世」説は、今文経学と古文経学の闘争においては重要な位置を占めないが、今文経学自体のなかではきわめて重要な意味を持つ。

「大一統」説、周王を尊び華夏と夷狄の関係を分かつ尊皇攘夷説、「託古改制」説、「三世」説などは、『公羊伝』と前漢公羊学の主要な部分である。これらの説は独立しているものもあるし、互いに関連しているものもある。そのどれかの部分を取り去ってしまうと、『公羊伝』と公羊学は、欠落したものになってしまう。これらが合わさって、『公羊伝』と前漢公羊学の核心部分を構成しているのである。思想は深遠で、気宇壮大であるが、それは矛盾に満ちている。何のことかわからない臆説や、方士まがいの神学的たわごとは、その思想的価値をいちじるしく薄め覆い隠してしまっている。

改制説は、『公羊伝』には明文がなく、人びとの推論にまかされているが、「三世」説のほうは『公羊伝』の全過程を貫いていて、その重要性をよく示している。龔自珍と魏源が今文経学を講じたとき、必然的にこの問題を語ることとなった。全体としてみると、今文経学のもっとも重要ないくつかの問題において龔自珍と魏源の論述には、純粋の今文経学でないものがあり、意味が曖昧模糊としたものもあり、自由な解釈が多い。それらは本質的には旧説に従って述べ、孔子学説を擁護するものであり、孔子学説を批判したり疑ったりするものではなく、新たな道をさぐったものである。このような状況を見ただけでは、これらの著作の時代的特徴を見出すのはむずかしい。その中に思想解放の萌芽があるとするのは、まったく無理なことのように見える。しかし、まず第一に、龔自珍と魏源は前人の今文経学にたいする研究を継承し、若干の主要な問題において議論を展開して、人目を引く新味を示した。これによって、人びとに、儒学の中にもなお渉猟するに足る別天地の在ることを伝えた。学術面で追求心を失っていない封建知識分子にたいして、これが吸引力となったのだ。第二に、さらに重要なことは、かれらが今文経学を講じるのと同時に、現実世界の問題の討論にも気を配り、ときには大胆かつ尖鋭に語って人びとをおどろかせた。人びとはかれらの現実問題の討論に注目すると同時に、これら経学の議論にも注目した。こうしてかれらの経学研究も際立ったものとなったのである。

龔自珍と魏源の著作のかなりの部分がいわゆる「実学」や「経世致用」の学に意を用いたものだった。このために最近の説では、かれらを「実学派」の学者に加えている。経学はかれらの著作の中のわずかな部分を占めるに過ぎない。魏源は龔自珍の著作を評して、龔自珍は、公羊春秋、西北地理、六書小学に通じ、文章においては、周秦の諸子、吉金楽石より取って詞藻とし、「朝掌国故、世情民隠を以って質幹と為した」。大事な点は「世情、民隠（民の苦しみ）を以って質幹（芯）と為した[6]」ことである、と言っている。龔自珍が「世情、民の苦しみ」にたいする見方を著した著作には、年代をそのまま標題にしたものがある。たとえば『乙丙之際箸議』『壬癸之際胎観』等で、これはそのなかで思考され論議されている問題が当時の社会生活の矛盾から来ていることを反映している。そのほか『古史鉤沈論』『尊隠』などのような政論は、具眼の士には容易にその寓言的な性格を見て取ることができる。龔自珍は、日は黄昏に近し、暮気充塞す、凄風驟起す、人畜悲痛なりといった言葉で、封建社会の現状を形容した。龔自珍は独自の言葉で農民と地主という二つの階級の鋭い対立と農民階級が持っている巨大な力について語っている。これがつまり「山中の民」と「京師」の対立であり[7]、「京師」は「山中の民」の巨大な脅威にさらされているのである。龔自珍は言う。「京師が貧しくなれば、四周の山は充実するであろう。」「京師が賤しくなってゆけば、山中の民には、自ら公侯たらんと志すものが現れてこよう。このようであれば、豪傑は京師を軽くみるであろう。京師が軽くみられれば、山中の勢力は重くなってゆくであろう。こうなってくると、京師は鼠の掻き出したぶかぶかの土壌のようになってしまうであろう。鼠壌のごとくなれば、山中の壁塁は堅固なものとなってゆくであろう。」「朝廷の士大夫が親しき者たちと反目し孤立してゆくに反して、山中の民においては、一人が口笛を奏すれば百人が唱和し、一人が病にうめけば百人が見舞うであろう。」「夜は漫漫として果てしなく、鶡旦鳥《やまどり》は鳴かない。突如として山中の民のあいだから、大音声がとどろく。天地は、ために、鉦鼓のひびきをあげ、神と人とは、ために、波濤のごとくわきたつ。(8)」馮友蘭は、龔自珍の言う「山中の民」とは「主にはやはり才能があるが用いられない『隠士』を指し、郷村の農民をさしているわけではない。しかし、かれの言葉は当時の社会がまもなく重大な変革をむかえようとしていることを予言している。(9)」と述べた。龔自珍にはもちろん階級という概念はないし、農民という言葉も使っていない。ましてや農民の力が地主階級を圧倒することを望んでいたということはありえない。しかし、ここで語られている「山中の民」とは、まず地主の支配的地位に対立するものであり、これに対し封建社会の「隠士」の大半は郷村の地主であり、かれらの利益は、地主の支配的地位と対立するものなどではなく、基本的に一致している。また同時に、この「山中の民」の力は偉大である。当時の社会においては農民階級だけがこのような偉大な力を持っており、そのため天地は、かれらのために鉦鼓のひびきをあげ、神と人とはかれらのために、波濤のごとくわきたち、京師に大きな脅威をあたえることとなる。権力の座にない地主である「隠士」は、時には農民に反対するが、朝廷に脅威を与える巨大な勢力を形成することは不可能である。農民階級という客観的な存在なしに、何のよりどころもなくこのような描写を構成していくことはできないことなのだ。龔自珍は「一祖の法、弊ならざる無く、千夫の議(10)、靡かざる無し。来る者に勁き改革を贈るより、むしろ自ら改革するに如かず」と強調し、封建的身分制の網を破り、個人の個性を重視し、自我を尊重することを主張し、天地は、人が造ったもの、衆人が自ら造ったもので、聖人が造ったのではない、と述べた。「衆人の宰、非道非極、自ら名づけて我という[11]」。議論はこのように大胆で、神霊、皇帝、聖人に正面から挑戦したものと言える。

魏源も文章に巧みで、著述は同じように広い分野に及んでいる。魏源は『黙觚』という書物のなかで哲学的観点を述べ、天下に数百年にわたって弊の無い法は無く「古制を変えることが徹底すれば、民はいっそう便益を受ける[12]」、「法を変える」革新は勢いによって必ず行われる、と指摘した。『聖武記』『海国図志』は、清代の歴史を回顧し、時事を論じた。『海国図志』は、編者の思想が開けていて、勇気を持って目を開き世界を見ていることが特によく現れていた。その中の『籌海篇』ではアヘン戦争の教訓を分析して、国を強くし侮辱を防ぐ方法を提案しているが、その中心思想は、欧米の優れた技術を学び「夷の長技を師として夷を制する」ことを主張するものだった。また欧米国家の社会政治状況を紹介し、アメリカは部落を以って君長にかえ、その章程は長く伝わる価値があると述べ、スイスを「西洋の桃源郷」と呼んだ[13]。

経学の研究と経世の議論の両者は、龔自珍、魏源の著作の中でともに重要な位置を占める。龔自珍も魏源も個別の例外を除いて、自分の政論の中や文学作品の中に今文経学の言葉を引用することはめったになく、逆に公羊学の著作のなかで直接時事を論じることも無かった。しかしだからと言って、龔自珍と魏源の学術思想と時事に関する思想の両者がはっきりと分けられると考えることはできない。

かれらの経学の著作と政論、時事に関する議論は交錯して進められ、同時に並列して進んでいったのだ。龔自珍の最初の著『箸議』は今文経学を修める前に書き始められている。『古史鉤沈論』は先に初稿があったが、完成されたのは経学研究に従事した後である。[14]「稿を書くこと七年、未だ定稿とならず。」『五経大義終始答問』と有名な『壬癸之際胎観』は一八二二年に書かれた。『六経正名』の各篇が成ったのはもっとも遅く、明らかに長い熟成の時間をかけたものである。魏源はまず『詩経』『書経』の古微を著し、その後は時事の議論に重点を置くようになった。同時代人の姚瑩の述べるところによれば「黙深は始め経を治めたが、自身は時務により心を砕いた[15]」。龔自珍と魏源が経学研究と社会の現実への観察とにどう対処していたかに関係なく、公羊学の理論と思想方法とが時務の思想とある種の関係を生じるのは避けがたかった。十八世紀末から十九世紀初め、清王朝の支配の衰えと封建制度の危機は、白蓮教農民の大起義とイギリスのアヘン輸入のいっそうの深刻化という衝撃によってことごとく白日の下にさらされた。龔自珍と魏源は、鋭敏な思想と鋭い感受性をもち、この特殊な背景のもとで彼らの政論と、現実問題を論じる著作とを発表した。公羊学というのは、議論には長じているけれども、思想の面ではそれほど大きな束縛は受けない。これはかれらが現実への観察を深める上で有利な点であった。かれらは、一方の脚を伝統的学問の上に伸ばし、もう一方の脚で社会の現実的矛盾を踏まえており、両者が関連を持つことで、「改革」「変法」の叫び声が生まれてきた。こうした経学研究が尊孔崇経の軌道から外れなかったように、かれらの「改革」「変法」の要求も封建制度の軌道から外れることはなかった。しかしかれらは、ともかくも二千年前の是非の論争から社会の現実生活の論争の中に飛び込んできた。社会生活の中の矛盾が大きくなるにつれて、かれらの出した問題もますます人びとの注意を引くようなった。

張之洞は一九〇三年に回顧してこう述べている。二十年前、北京において、経学は公羊学を重んじ、文章は龔自珍を重んじ、経済は王安石を重んじて、学術の風紀は大いに悪くなり、ついには知識人が群を成して造反するような事態にまで立ち至った。混乱の元を探せば龔自珍の学術文章が元凶である、[16]と。張之洞の言う「二十年」前とは康有為等の維新運動が準備され始めた時期である。章炳麟は『訄書』とそのやや後の『説林』の中でこう述べている。魏源は誇張が多く荒唐無稽で、晩年に官界で思うように出世できず、経学を修める事で世に名声を求めた、しかし師法を理解せず、小学に通じず、理にかなわず混乱している。龔自珍も公羊学を講じ、魏源とお互いに称えあった。龔自珍の文章は巧妙で、後生の若者たちはかれのペテンに幻惑され、かれを大文豪と尊び、争って模倣した。このような文風は学術の価値を無にするばかりか、民族滅亡に至る災いの種である、と。梁啓超は言う。龔自珍の思想は複雑で、『春秋』にたいして学識を持っている。その集中の若干の政論は民権主義を非常にはっきりと説いたものである。近世の思想の自由を考察する道案内としてはまず龔自珍を挙げなければならない[17]。また、龔自珍は玄妙で深奥な思考を好み、「しばしば『公羊』の義を引いて時政を嘲けり、専制をそしった」。清末の思想解放に龔自珍は確かに大きな功績があった。光緒年間のいわゆる新学家はほとんどみな龔自珍を崇拝する段階を経ている。「はじめて『定庵全集』を読んだときは、まるで電気に打たれたように感じた。」[18]張之洞は、反対の側から学術の変化の最初の状況をこう述べている。章炳麟は、魏源が晩年になってやっと公羊学を修めたというのは事実に違うと考え、龔自珍、魏源を一緒にしてけなしたが、派閥にとらわれた見方が是非の判断を左右している。梁啓超は、龔自珍と魏源の経学研究と政論を一緒に論じ、龔自珍はしばしば『公羊』の義を引いて時政を嘲けったが、これはその後長期にわたる誤解を生んだ、という。梁啓超は、清末の先進的な人々は龔自珍の思想の刺激を「電気に打たれたよう」に受けた、と述べている。かれは、当時の直接の実感を描き出し、真に迫って、余人には語れぬことを語っており、思想史の直接資料として残されている。張之洞等の説はそれぞれ異なっているが、基本的な共通点もある。すなわち龔自珍と魏源の経学思想、政論および文学作品が、その後の社会生活の変動に非常に大きな影響を与えたことに疑いはないと考えていることだ。

一つの学術が、このような客観的効果をあげるには、かならず新しい特徴、新しい現象がなくてはならない。事物の矛盾は、それらの現象にも矛盾を生むだろう。それらには自己を豊富にする一面とともに、自己を否定する一面も含まれている。

龔自珍と魏源の学術研究は、まず原始儒学の現実的であってかつ積極的に社会生活に対処するという特徴を改めて具現化した。孔子学説は、現実の人間と人間関係を論述と教えの主要内容としている。

これは、大きな長所である。孔子学説は、『公羊伝』の大一統説も含めて前漢時代に定まったが、それは地主階級国家が統一を求める現実的必要性からきていた。清代において漢の経学が勃興し、今文古文が相対峙したが、奇形で偏っていて現実離れをしているという点では一致していた。それらは原始儒学から離れているだけでなく、漢の経学の主旨とも異なっていた。劉逢禄は、清代公羊学の主要な代表者の一人であるが、経学研究と関連させて時事を論じた専門の著作があるわけではない。龔自珍と魏源が新しい発端をもたらした。かれらは経学を研究すると同時に時事を論じ、専制を批判し、決められた方式にのっとって原始儒学の現実精神を具現した。これは程・朱の道学や煩瑣主義が覆いつくしていた当時の経学考証の思想界に新風を巻き起こした。龔自珍と魏源の学術は、これによって荘存與や劉逢禄等とは区別されるのである。

孔子は鬼神を敬して遠ざけ、鬼神の肯定に積極的でなく、理性を重んじた。これは、孔子学説のもう一つの長所である。前漢の儒生は方士と結びつき、儒学にたいして神学的な大改造を行った。このころは陰陽家の「五徳終始説」が流行していた。この説によれば、おおよそ君主たるものは天の命を受ける。伝説の中の黄帝から前漢まで、どの朝代も天すなわち上帝の配分に従いそれぞれ木火土金水の五種の徳の、相克、循環を具現する。董仲舒は、五徳説をひきついで改造し（原注―現在見られる『春秋繁露』は、二十八篇を残す。そのうち陰陽、五行を標題としたものが十三篇ある）、「三統」説を言い出した。董仲舒は『春秋繁露』のなかでこう述べている。どの王朝も一年の子丑寅三か月のうち一つを選んで年の初めとし、いわゆる「改正朔」を行う。子を立てた朝代の色は赤で、「赤統」と称し、丑を立てた朝代の色は白で、「白統」と称し、寅を立てた朝代の色は黒で、「黒統」と称する。[19]「統」とは新王が受命したしるしであり、それは天意によって決定され、変えることのできないものである。それらは規則性を成し、循環してもとに戻る。君主はこれにより上帝と緊密に結びついて一体化し、君主の強い神性は、その地位の尊厳と人民を統治する自然の合法性を証明する。これは儒学には本来無かったものである。顧頡剛はつぎのように評した。漢の経学の骨幹は、「統治集団の宗教」の創造であった。統治者はこのような宗教を創造して自分の身分を粉飾した。最高主宰が上帝であれ、五行であれ、どの皇帝もそれによって自分が真の皇帝であることを証明できた。儒生と官吏は皇帝が天に代わって道を行うのを助ける孔子の孫弟子であった、[20]と。事実はこのようなものであった。

論者の中にはよく董仲舒の天人合一、天人相通という言葉を引用するものがいる。董仲舒の言う天とは自然であり、天人合一とは人と自然の統一、人と自然の調和一致だと考えるものもいる。これを東方文化と西方文化の最大の相違点だとするものもいる。これを哲学思想の中でもっともすばらしい境地のようだと考えるものもいる。かれらの見解はさまざまであるが、しかし董仲舒の天は自然ではなく、神あるいは神の化身なのだ。董仲舒は封建統治秩序の三綱五倫は、天象のさまざまな規則から出ている、あるいは天象のさまざまな反映であるとした。天象と一致した社会秩序は、当然反対することはできず、また動揺することもありえない。かれの言った天人合一が、自然の天と自然の人との合一ではなく、神性を持つ天と社会生活の中の封建統治階級および統治者との合一であることは明白である。章炳麟は、董仲舒を神人の大巫と称したが、董仲舒を中心とした前漢の『公羊』学は、孔子の学説を強引に孔子が漢のために法を作ったという神学的予言とそれにまつわる根拠の無い話と見なした。章炳麟の批判は、盲目的に崇拝したり、鼓吹したりしてはならぬと教えている。

龔自珍と魏源の今文経学は、陰陽五行の神学的喧騒に反対したものである。龔自珍は、特に『非五行伝』を書いて、劉向には、大功と大罪があり、功は『七略』にあり、罪は『五行伝』にあるとした。また京房の『易』学、劉向の『五行伝』を最も嫌悪し、班固の『漢書』は『五行志』を作らなければよかったとした。経学と相対した緯学は、さらにすすんで孔子を借りて神学を鼓吹したが、龔自珍は『春秋』の緯を賞賛し、これが緯のなかで最も古義にあったものだと述べた。公羊家のいわゆる「張三世、存三統、周を新とし、宋を故とし、『春秋』をもって興王に当て、而して魯に王を託す」といった説はすべてこの中に見られる。しかしそのなかで好んで五行災異を説いているのは、漢代の儒生の通弊である。二つの説の性格がまったく一致しないことは、批判をくわえるまでもなく、理解できる。(21)原始の「三世」は単純に歴史の進化の観点に符合するとは見なせないが、すべて人間の世界に立脚している。「三統」説は歴史を上帝が支配する規則的な運動と推定する。龔自珍と魏源は三世説を講じたが、三統説は強調しなかった。かれらは、神学を貶め、理性を重んじ、相当の程度まで原始儒学の理性主義にたちかえった。この点が欠けていたなら後生の人を啓発することはできなかったことであろう。もちろんかれらはまだ神学の尻尾を引きずることを免れなかった。なかでも魏源はこの点が顕著であった。そのような尻尾を切り取れば、今文経学にはならなかったであろう。

龔自珍と魏源の経学は、儒学の封建的イデオロギーの基本的内容を保持していたが、かれらが経学と平行して行った論著は、多かれ少なかれ欧米資本主義社会思想と接点をもった。これはそれまでにはなかった現象である。欧米についての知識を、龔自珍は『西域置行省議』等の中だけでたまたま少し述べている。魏源は『海国図志』を編纂したため、広範な渉猟をおこなっている。封建イデオロギーの顕著な特徴は自己閉鎖と保守主義である。それらはひとたび近代欧米思想と接触し、比較がおこなわれると、その腐朽と後進性がはっきり暴露される。このような接触は、儒学の支配的地位が脅威を受け、動揺を生み、ついには没落の日が遠からず来るであろうことを示すものである。

イデオロギーは社会経済基盤に働きかけることができるが、結局のところはそれも社会的存在を前提としなければならない。梁啓超は、龔自珍の果たした役割を論評して、かれをフランスの啓蒙思想家ルソーになぞらえた。表面的に見ればいくらか似ているところもあるが、実際は二人のおかれた社会的地位はまったく異なっている。ルソーは「主権在民」を提起し、ブルジョア民主主義の先駆けの役割を演じた。アヘン戦争前後の中国は封建国家であり、資本主義の存在やブルジョア民主主義の要求の存在は問題にもならない。龔自珍と魏源の学術とフランスの啓蒙運動は、時間的には半世紀足らずしか隔たっていないが、中国は欧米にくらべ歴史発展において一段階遅れた社会発展段階にあった。

襲自珍と魏源をフランスの啓蒙学派と比べることがまったくできないのは、中国の歴史過程を欧米の歴史過程と比べることができないためである。襲自珍と魏源は、地主階級のなかの懐疑派や革新派の姿を示していた。かれらは今文経学の研究と時事についての論議を一身に集め、一方では儒学を尊崇し宣伝しながら、もう一方では儒学を間接的に批判し、これによって近代思想解放の萌芽を生み出した。これはかれらの功績であった。だが、ここ止まりだったのである。

宋翔鳳の学術は、初めは劉逢禄と同様に清代今文経学の創始者荘存與と荘述祖から直接伝授された。劉逢禄は、『左氏春秋考証』のなかで、劉歆が如何にして『左伝』を偽造したかについて宋翔鳳と議論したことに何度か触れている。「宋は大いに感心して」劉逢録は何休、許慎以下誰も気づかなかった大疑問に気がついた、と言った。宋翔鳳は襲自珍と魏源にとっては先輩と言える。しかし、かれの学問は雑で、特色も無い。公羊の微言大義に通暁していると称し、緯を盲信した[22]。凌曙、陳立の学術は『清儒学案』の論評によれば、陳立は『公羊義疏』を著し、『公羊』学を集大成した。皮錫瑞も陳立の書は今文学者が宝とするに足ると言っている。凌曙は現在見ることのできる『春秋繁露』の注釈者である。これは、凌曙と陳立が多くの材料を集める仕事をしたことを示している。しかし、資料の整理は学術研究の出発点である。学術研究の価値は人類の歴史発展と社会生活に対する人間の認識を前進させる点にある。学術研究が提供できる知識は、そのような認識を前進させる上で直接的であってもよいし、間接的であってもよい。いずれにしてもそれらは古いものを除き、新しいものをもたらさなければならず、古いものを繰り返すことによっては実現できない。宋翔鳳や凌曙等の人々の今文経学は微言大義、通経致用を講じるとは言うものの、その実、書物の旧套を脱することはなく、内容の狭いものであった。龔自珍や魏源のように時事論議に加わり、「世情、民の苦しみ」を論じることは、かれらには想像もできないことであった。かれらの今文経学は、同時代の古文経学と同様に、著書は家に満ちても思想は抜け殻のようなものであった。人びとはかれらのところから歴史発展の認識も社会生活理解のための啓示も得られはしない。これが、近代思想解放の最も早い萌芽が、同時代に居並ぶその他一群の公羊学者たちから語られるのではなく、龔自珍と魏源だけから語られたという理由である。

注

（1）魏源『劉礼部遺書序』『魏源集』上冊　中華書局　一九七六年
（2）魏源『黙觚下・治篇』九『魏源集』上冊　六〇ページ　中華書局　一九七六年
（3）魏源『顧命篇発微』『書古微』第十一巻　一六ページ　光緒四年　淮南書局
（4）董仲舒『春秋繁露』は多くの処で春秋改制を述べる。『玉杯第二』「孔子、新王の道を立てる」、「春秋は新王に託し、魯に受命す」。何休『公羊解詁』「春秋は何を以って隠公から始まるか」の条に言う。「高祖以来の事は聞き及んで知ることができるので記す。」また言う。「我が先人の聞く所を記すのは、制作の害をさけるためである」。これらはすべて「託古改制」を説いているが、しかしいずれもこの言葉をそのままは書いていない。

(5) 何休『春秋公羊解詁』隠公元年『四部叢刊経部』上海涵芬楼版
(6) 魏源『定庵文録序』『魏源集』上冊 二三九ページ 中華書局 一九七九年
(7) 龔自珍『尊隠』『龔自珍全集』上冊 八七ページ 中華書局 一九五九年
(8) 龔自珍『尊隠』『龔自珍全集』上冊 八八ページ
(9) 馮友蘭『中国哲学史新編』第六冊 五七ページ 人民出版社 一九八九年
(10) 龔自珍『乙丙之際箸議第七』『龔自珍全集』上冊 六ページ
(11) 龔自珍『壬癸之際胎観第一』『龔自珍全集』上冊 一二ページ
(12) 魏源『黙觚下・治篇五』『魏源集』上冊 四八ページ
(13) 魏源『海国図志』第四七巻 巴蜀善成堂 一八八七年刻本
(14) 呉昌綬『定庵先生年譜』『龔自珍全集』下冊 六一〇ページ
(15) 姚瑩『湯海秋伝』『東溟文後集』巻十一『伝状二』ページ十一下、『中復堂全集』安福県署一八六七年刻本
(16) 張之洞『学術』王樹枏編『張文襄公全集』第二二七巻 一二、一三ページ 北平文華斎 一九二八年刊本

(17) 梁啓超『中国学術思想の変遷の大勢を論ず』『飲氷室合集』文集之七　九六、九七ページ　中華書局
一九八九年　重印本
(18) 梁啓超『清代学術概論』朱維錚校注『梁啓超論清学史二種』六一ページ　復旦大学出版社　一九八五年
(19) 董仲舒『三代改制質文』『春秋繁露』第二十三。
(20) 顧吉剛『秦漢の方士と儒生』九ページ　上海古籍出版社一九七八年
(21) 龔自珍『最録春秋元命苞遺文』『龔自珍全集』上冊　二五〇、二五一ページ
(22) 劉師培『南北学派不同論』『劉申叔遺書』五五八ページ　江蘇古籍出版社　一九七七年

Ⅱ、今文経学と古文経学の同時衰亡、認識の停滞（太平天国農民戦争とそれ以後）

一八五一年、太平天国農民戦争が勃発し、十数年にわたって続く農民、地主両階級の全国に及ぶ大闘争が始まった。この時、最も高く響いた二つの声は、一つは「妖怪を殺せ」であり、もう一つは「賊を討て」であった。中国に侵入した欧米資本主義勢力も含めて様々な社会勢力がこの闘争の中に巻き込まれていった。地主階級知識分子のなかの多くの人が、直接軍事などの実際活動に身を投じ、太平軍に対抗するとともにその道を進むなかで功名利禄を求めた。かれらは学問研究などまったく考えもしなかった。清代経学が発祥し隆盛となった地域は、もともと東南の数省であった。太平軍と清軍との戦場は、長期にわたってまさしく東南地区であった。太平天国が失敗したあと、これらの地域には、経学研究に有利な環境と条件がすぐには形成されなかったし、それは不可能でもあった。そのうえ、経学には以前の繁栄を過ぎたあとは、もし新しい思想が無ければ、世に出る文章もすでに乏しくなってしまっていた。このようにして今文経学と古文経学は同時に衰退していき、思想も停滞した。もちろん経学を研究する人が無くなったわけではなく、それらの研究は、後の人たちとは大きな関係を持った。

一、学者およびその著作

邵懿辰（一八一〇～一八六一）字は位西、浙江省仁和の人。道光年間の挙人、刑部員外郎を務めた。杭州で太平軍に抵抗する清軍に協力し、城が破れて自殺した。今文経学を講じ、『尚書通議』『考経通論』『礼経通論』等を著した。兪樾（一八二〇～一九〇七）字は蔭甫、号曲園、浙江省徳清の人。道光年間の進士、翰林院編修、河南学政を歴任。河南学政の任にあった時、郷試の出題を引き裂き、弾劾され免官になった。後に江蘇紫陽書院、上海求志書院であいついで講義し、最後は杭州詁経精舎院長を三十年の長きにわたって勤めた。著作は『春在堂全書』（原注―兪樾が殿試の時作った詩に「花落ち春猶在り」の句があり、試験官曾国藩に評価された。これを平生得意としていたので「春在堂」を集の名とした）にまとめられた。戴望（一八三七～一八七三）字は子高、浙江省徳清の人。幼少の頃より家が貧しく、困窮して流浪する間も、学業を止めなかった。戴望は秀才の名のみある。戴望は、かつて老今文学家宋翔鳳から今文を学び、また兪樾にも教えを受けた。晩年には曾国藩の作った金陵書院で校勘をし、『論語注』二十巻を著して世に知られた。王闓運（一八三二～一九一六）字は壬秋、湖南省湘潭の人、挙人の名のみある。若年に文学で名が出て、高官の幕僚となり、学問を講じ、粛順、曾国藩の食客となり、民国初年には、袁世凱の国史館の館長を勤めた。王闓運は今文学家ではないが、戴望の影響を受けて、今文学を講じ、四川尊経書院院長も勤めた。後の今文学家廖平はかれの弟子である。このことで王闓運の名は近代経学史に残ることになった。王闓運は、自分は多くの経に注をつけたが、優れたものは『爾雅』のみだ、と述べている。(1)

二、経学研究における思想、主張

邵懿辰は、古文『逸書』『逸礼』を劉歆の偽造によるものと考えた。後人のかれの著作に対する評価は高い。廖平は、『礼経通論』の内容は人の意表に出、二千年来このように奇抜な物はなかったと賞賛した。(2)梁啓超は、邵懿辰の著書が出て以来『逸礼』の真偽が問題とされるようになった、と述べている。

兪樾は、学を修めるにあたり、乾隆・嘉慶の正統に帰依し、清代漢学の大師、王念孫、王引之にもっとも敬服したと称した。(3)著書の『群経平議』(一八六〇年)『諸子平議』『古書疑義挙例』等はみな二王の主旨に沿うものである。兪樾は、学問に厳格で、当時の古文学者の中でもっとも賞賛を受けた。それでもかれが伝の注を変えるのに軽率で、時には臆説で本経を改め、多くの牽強付会を述べたという者もいた。最初の著作『群経平議』が完成した時、年はすでに四〇であった。晩年に至ると、かれの弟子章炳麟は、民族の危機に触発されて、改良に賛成する立場から、革命を主張し反満を宣伝する立場に転向した。兪樾は、章炳麟を不忠不孝と非難し、以後二度と師弟関係であることを認めなかった。兪樾は、自分が純粋の守旧的な経学者であることを示した。章炳麟は、『本師に謝す』という一文を書いて、師との決裂を公表した。文中で兪樾の学問は篤実で、生涯官になることを望みながら、ついに果たせなかった、と書いた。これらはすべて事実にあっている。

戴望は、『公羊』の例を引いて『論語』を解釈した。梁啓超は、『論語注』は新しい解釈を多く出しているが、恐らく正しいものでない、と言っている。章炳麟は、『哀後戴』の中で、戴望の学問は湖南、広西、広東に伝わり、康有為は、かれの理論を取り入れて『新学偽経考』を書き上げた、と言った。その後、戴望の学問は王闓運に伝わり、王闓運は廖平に伝え、さらに廖平を経て康有為に伝わったという説が広がった。この説はおそらくほかならぬ章炳麟の著作からきたものであろう。葉徳輝も康有為の学問は廖平から出ており、廖平は王闓運の「弟子」である、と言っている。劉師培は、言っている。王闓運は公羊学を修め、弟子としては、廖平が最も著名である。「その学は嶺南に入り、今文学派は大いに盛んになった(4)」と。章炳麟等の人びとはここでは一見、廖平、康有為の学問の淵源を語っているかのようであるが、実はそうではない。清代の今文経学が荘存與以下、劉逢禄、宋翔鳳、龔自珍、魏源等の人びとに直接伝わったことは学者なら誰でも知っている。廖平や康有為の学術がその後継者、しかも影響力のさほど大きいとは言えない戴望のような後継者から出たとするのはたいへんおかしなことである。章炳麟、葉徳輝、劉師培等の説は、意図的に康有為を貶めているのである。廖平と康有為はまちがいなく関係があるが、しかしかれらの学術は、戴望や王闓運にはまったく想像もできないものであった。

王闓運の経学についての論述は、文学におけるロマン主義によく似ている。章炳麟は、王闓運は文学の言語で経を講じており、その学はそもそも自分の修養のためでなく、外見を飾り立て人に衒うためのものである、と述べた。王闓運は、二巻の『論語訓』の中で、『論語』の本文には十大問題があるが、人に注目されていないと述べた。その問題とは、道理に反する言葉、でたらめな言葉、浅はかな言葉、猥雑な言葉、一致しない説、稚拙な説、重複した言葉、頑迷で通じない言葉、児戯に等しい言葉、愚かな言葉などがあることだ(5)。これでは『論語』は、まったく聖人の経典などと言うべきものではなく、浅薄で矛盾した断片的な記録だと言っているに等しい。しかし、王闓運は、『論語』そのものには間違いはなく、問題は正しい解釈が必要なことだと言っている。『論語訓』は、この問題を踏まえた解釈である。かれは、牽強付会の才能を発揮し、今文学の常套手段を見せた。鄧実は、『国学今論』の中で次のように評した。王闓運は「公羊をもって、併せて五経に注し、而して今文の学を愈々輝かせた」。今文学は「龔自珍、魏源が盛んにし、それを集大成したのが王闓運である(6)」。鄧実は、王闓運が「併せて五経に注した」という数量にばかり注目し、王闓運自身の認めた、優れたものは『爾雅』だけという言葉とも符合していない。皮相な説である。

邵懿辰等の人びとの個人的な経歴と経学研究には、二つの特徴がある。第一にかれらはいずれも、太平天国反対の中心人物であり、程・朱の道学を重視し、封建文化の代表者を自認していた曾国藩と直接つながっていた。邵懿辰が北京の刑部に在職していた時、曾国藩と親密に交際し、二人はしばしばともに論議し、議論が長くなるのを厭わなかった。邵懿辰は、曾国藩に面と向かって人に対して幾つかの違う顔を持つ虚偽だと言ったが、曾国藩の出世が早いのを見ると、詩を作って激励した。曾国藩が南康、祁門の軍中にある時、邵懿辰は遠方より訪問し、軍事を論じた。邵懿辰の死後、曾国藩はかれのために墓誌銘を作り、二人の二十年の交わりを追想し、極力賞賛した(7)。銘文の中で邵懿辰の著作にも触れたが批評は一言も加えず、逆に邵懿辰の文の優れた部分はもう残っておらず、残ったものは必ずしも世に伝わることができるとは限らないと述べた。今文経学に賛成しないことが、明らかに現れている。兪樾は曾国藩の賞賛を受けたことにたいして「食事のたびごとに思わねば」と述べた。兪樾は南京で曾国藩の宴会に出席し、自分が曾国藩から受けた厚遇は、両江総督に任じられていた時の尹継善が袁枚に示したものにはるかに勝ると言った(8)。曾国藩は兪樾が著作に力を注ぐことを賞賛し、兪樾の『群経平議』『諸子平議』が刊行されると、題辞を書いて称揚し、これらの著作は、清代の江(江永)、戴、段、銭(銭大昕)、二王等の古文学の大家を首肯させ、敬服させるに足るものであると評価した。題辞では、兪樾を漢代の揚雄になぞらえ、官途で栄達はできなかったが、しかし、学問においては成功を収めた、と述べた(9)。戴望は、兪樾の推挙を受けて、曾国藩の配慮で金陵書局に職を得た。

戴望は曾国藩に功名栄達がなった以上、順風のうちに勇退することを勧めた。王闓運は、湖南の同郷という立場で曾国藩の幕舎に出入りし、厚遇を受けた。一八五六年、太平軍が全盛期にあったころ、王闓運は曾国藩に書簡を送り、清政府軍事政治のさまざまな腐敗の状況について述べ、曾国藩が出てきて発言し、非常の功を建てること求めた。王闓運は自分の考えたとおりに行えば、太平軍は滅亡に瀕し、たちまち壊滅するだろうと思っていた。[10] 邵懿辰等と曾国藩の関係は、学術上の交流ではあったが、しかし主には政治的な観点、立場を同じくしていたことによるものである。これらの人々のあるものは、多かれ少なかれ曾国藩に依存する関係にあった。

第二にかれらの議論は書物の上に厳密にかぎられ、その思想は停滞していた。かれらは今文を論じたり、古文を論じたり、バラバラで、論争などしたこともなかった。論争しないどころか、緊密に提携していた。兪樾と戴望にはこうした面がはっきりと現れている。兪樾は戴望の『論語注』が一家言を成していると賞賛し、戴望が学を好み深く考え、経を修めるのに家法をもったと述べ、すでに衰えた経学を戴望が復興してくれることを期待した。戴望は、兪樾から親しく薫陶を受けた弟子と自称し、兪樾の呼びかけで続刻された『皇清経解』に詳細な目録を提供し、その事業を促進しようとした。これらの人々の共通点は世事を語らないことだった。邵懿辰と戴望がしたことは、今文学の家法を守り、古文派との間で儒学の真の伝統を争うことだった。兪樾は人に「平生時事を語らず」と表明しており、『磬圃罪言』を書いたことが、唯一の例外であった。[11] かれらの著作や言論のなかから新しい思想の影を探し出すことはできない。しかし、太平天国は、軍事、政治、経済の闘争を推し進めると同時に、儒学を中心とする封建文化にたいして猛烈な攻撃を開始したし、またこれに続く大衆蜂起という事実がかれらの思想にひきおこした反応は、当然のことながら興奮と苦痛であった。兪樾は言う。清の乾隆帝の時期は文治武功ともに最盛期であった。当時の士大夫はみな考証学を研究し、実事求是をこととした。現在国家有事に際し、謀反するものは牛の毛のように多い。後生の小童は実学を嫌って空談を好む。学術の盛衰も世の命運に関わりを持つ。権勢ある大人君子はこの問題を如何にすべきかを重視しなければならない、と。[12] 兪樾の言葉は道理のあるもので、農民起義、経学の衰退は封建支配の衰退を物語るものであった。

太平天国と地主階級は、封建文化、まず儒学の問題において鋭く対立し、最終的には経学の役割をどのように解説するかというところまでおよんだ。太平天国の指導者洪秀全は四書五経を教える私塾の教師だった。洪秀全は、起義が起こる前にキリスト教の影響を受け、反孔子思想をもつようになった。太平天国は、天京に都を定めてまもなく、孔子孟子諸子百家の妖書邪説をことごとく焼却し、その売買所蔵を許さず、違反者は罪に問うと宣布した。このような反孔子は宗教信仰と関係があったものだが、農民大衆の自発的な反封建意識と結びついて初めて大きな影響力を持つことができた。封建文化に反対し、孔子の教義に反対することとは、農民と封建支配階級との闘争の一部となった。農民は古代文化遺産を批判的に継承するという道理を理解せず、自分たちの理解に基づいて封建文化を取り除こうとした。地主階級は太平天国の農民にたいしてすばやく反撃した。曾国藩は『粤匪を討つの檄』において、孔孟の道を防衛することを説いた。かれは、太平天国が士大夫に孔子の経を読むのを禁じたことを痛罵し、数千年の礼義人倫、詩書典則は、あげて一挙に絶滅させられようとしているとし、地主階級知識分子に立ちあがって太平天国に反抗し「聖道」を防衛するよう呼びかけた。革命的農民と地主支配勢力との物質的利害における対立は、今や儒学にどのような態度をとるかという問題における二つの立場、二つの観点の対立となって現れたのである。この時には今文学派であれ、古文学派であれ、農民反乱に対抗し、儒学を護持するという点では、かれらは統一された一派であった。かれらには、誰ひとりとしてその統一の境界線を越えようと表明した者はいなかった。

持続し普及したイデオロギー理論には、必ず核心の部分と、周辺やその他の部分がある。儒学の経典である「六経」はことにそうである。「六経」は、中国の古代の歴史と伝統文化の基本的な一部分である。それは先行する時代の文献を総合し、後人の仮託や付けたしを加え、内容は実に多岐にわたる。その中の多くの記載は、他にはないものであり、それらの記載がなければ中国の古い文明は、理解する手立てのない漆黒の闇となってしまう。それゆえ、儒学の経典は封建イデオロギーの様式をとってはいるが、それは、その中のすべての思想と文化的資料がただ封建階級によってのみ利用できるものので、農民やその他の階級はこれを排斥するほかないということを意味するものでは決してないし、実際上もそれは不可能なことである。洪秀全の著述はこの点を強調して述べている。

『礼記・礼運』には孔子が子遊に答えたといわれる言葉がのっている。「大同が行われる世では、天下は公とされる。賢人を選び、有能の者を戴いて、信頼と親睦を深める。故に、人は、我が親のみを親とせず、我が子のみを子とせず、老人は安んじて世を終え、壮者は働く場所があり、幼児は皆成長でき、矜寡（配偶者の亡くなった男女）、孤児、廃疾の人びとも養護される。男は職を得、女は夫を得る。財貨は地に捨て置かれることがなく、またひとりが死蔵することもない。自らの力を出し惜しみすることはなく、労働は己のためだけに行うのではない。この故に、計謀は用いられる機会がなく、強盗や傷害の事件はおこらず、家に戸締まりの必要もない。これを大同という。今は、大同は行われず、天下は家に分かたれている。……禹、湯王、文王、武王、周公、成王などは計謀、兵力を用いて君主となった。この六君子は皆礼を重んじた。それによって義を明らかにし、信を確かにし、過失をさとし、仁を示し、譲を教え、民に行動の常規を与えた。もしこうでなければ、権勢ある者も見限られ、人を害す賊と見なされる。これを小康という」。洪秀全は、自分の書いた『原道醒世訓』[13]の中で一字も漏らさずこの「大同が行われる世では、天下は公とされる。……これを大同という」という一段を引用している。考証によれば、『原道醒世訓』は一八四七年から一八四八年の間に作られた。太平天国は一八五二年に自分達の正式文献である『太平詔書』を刊行し、『原道醒世訓』は経典の一つとしてその中に入れられた。これらの著作は社会改造の理想を表した点でたいへん重要である。洪秀全は考える。「堯舜、夏、殷、周三代の世に思いをはせると、天下の人びとは有無を気づかい合い、災難には助け合い、門は閉めず、道に落ちた物を拾わず、男女は同じ道を歩かず、徳の高い者を選んで治めさせていた。」「世界に男は多いが、すべてこれ兄弟であり、世界に女は多いが、すべてこれ姉妹である。そうであるなら、どうして自分の国、よその国などという私心に動かされてよいものか、どうして互いに侵略したり併呑したりといった考えをもってよいものか。」『礼運』は、まさに洪秀全の著作の理論的根拠であり思想の来源であった。明らかに、まず初めに『原道醒世訓』があり、それからより具体的で緻密な『天朝田畝制度』ができたのだ。一八五三年、太平天国は儒学の典籍を改竄し、『礼運』の「大同が行われる世では」の一段を削除してしまうが、しかしすでに『天朝田畝制度』に定められているユートピアは、太平天国全体の考えかたを規定してしまっていたので、事実上は何の変化もなかった。『礼運』に描かれたのは原始共産主義社会であり、儒家たちはこれが人類最高の境地であると考え、「大同」と呼んだ。その後の禹、湯王、文王、武王、周公、成王など「聖人」治下の封建社会は、「大道の行われない」「小康」の世であるにすぎず、人類社会は後退している。このようになる理由は、儒家が人類の理想社会を仮想しようとしたが、歴史は低い段階から高い段階へと発展し、原始共産主義は、異なる発展段階を経て共産主義に向かっていくものだ、ということを理解しなかったためである。儒家たちは、仮想を成立させるためには、歴史のなかに根拠を探し、見本を提供しなければならなかった。原始共産主義という見本のほかには、歴史の中にはかつてそのような見本はなかった。洪秀全の『礼運』からの引用には、儒学経典の曲解とか誤解は全然無い。かれはそれを空前の規模の空想的社会主義の実験に使っただけである。このことからも太平天国の社会改造のモデルと理論は、完全に中国の伝統文化、すなわち『礼運』に加えて『周礼』『孟子』などから来たものであることが、はっきりと分かる。西方のキリスト教はこの面では何者も付け加えなかったのである。これまでの研究はこの点を十分に重視していないように思われる。

社会の歴史的変遷を見る認識としての『礼運』の大同・小康の説と、人びとの憧れる理想世界としての「大同」は、現れて以来長いあいだ埋没していたようで、二千年間も注意を惹かなかった。漢学、宋学、今文、古文、みなこれにたいしては何も語らなかった。それが、いまや洪秀全がおごそかな態度で、この問題を提起したのである。そして、とくに「大同」をひっくりかえし、もとは原始社会を指していたのを、未来の理想社会に変えたのである。もし「突き破った」という言葉を用いるならば、洪秀全は確かにここにおいて突き破りを実現したのである。中国近代史上、洪秀全以降、『礼運』はしばしば人びとから高く評価され、論じられてきた。ブルジョア階級改良運動の指導者康有為、梁啓超は『礼運』を講じ、改良運動の思想家譚嗣同も『礼運』を講じ、ブルジョア階級革命運動の指導者孫文も『礼運』を講じた。しかもかれらはいずれも事実上洪秀全の方法を受け入れ、しかも何の説明も加えていない。もともと想像上の原始共産主義の「大同」を逆転させて、未来の理想である共産主義に変えてしまったのだが――それでもかれらはただ「大同」とだけ言って、共産主義とは言わなかった。

大同説は『礼運』から出たものだが、最近の人でもこれを「西俗」（西方伝来のもの）といって貶めたものがいる。銭穆は、康有為を批判して、康有為は中国で二千年間行われてきたのは孔門の小康であり、「大同」ではないと考えているが、「実は大同とは即ち西俗であり、小康が中国にふるくよりあったものである」[14]と言った。『礼運』の中の大同は突然「西俗」に変わったが、その根拠がなんであるか分からない。恐らく大同が「西俗」である共産主義思想を連想させるからであろう。孫文は多くの処で揮毫し、「天下為公」（『礼記・礼運』）と書き、いわゆる大同「西俗」説に反駁した。

今文学と古文学は同時に衰退したが、しかしここで断絶したわけではない。もし新たな思想を注入し、視点を変えるならば今文学にはまだ十分に力を発揮する余地があり、古文学は思想と観点の面でさらに一層の検討討議を必要とした。肝心なのは、社会の現実をどのように認識して対処していくかという点であった。伝統文化や多くの資料を含む儒学の典籍については、精華と糟粕を区別して、具体的問題を具体的に分析していく必要がある。形而上学的な方法では、認識を深めていくことはできないのである。

注

（1）王闓運『致王祭酒』『湘綺楼文集・箋啓』第一巻二八ページ

（2）廖平『知聖篇提要』『家学樹坊』一二ページ

(3) 兪樾『群経平義・序』、または『上曾滌生爵相』、『春在堂尺牘』第二巻三ページ
(4) 劉師培『南北学派不同論』『劉中叔遺書』五五八ページ
(5) 王闓運『論語訓・序』『湘綺楼文集』第三巻八ページ
(6) 鄧実『国学今論』『国粋学報』第一年第一冊
(7) 曾国藩『邵位西墓志銘』、また邵懿辰『半岩廬遺集』にも見える、1ページ
(8) 兪樾『上曾滌生爵相』、『春在堂尺牘』第二巻 五ページ
(9) 曾国藩『兪蔭甫著「群経平義」「諸子平義」の後に題す』
(10) 王闓運『曾侍郎と兵事を言う書』『湘綺楼文集』第二巻 二九ページ
(11) 兪樾『與曾劼剛襲侯』『春在堂尺牘』第六巻 七ページ
(12) 兪樾『與呉和甫前輩』『春在堂尺牘』第一巻 二一ページ
(13) 向達、他編『太平天国』第一冊 九二ページ『中国近代史資料叢刊』神州国光社一九五二年
(14) 銭穆『中国近三百年学術史』七八〇ページ 商務印書館一九九七年

Ⅲ、今文経学と古文経学の同時興起、学術闘争と政治闘争の統合

（維新運動からブルジョア階級革命運動の勃興まで）

十九世紀の八、九十年代、中国は清仏戦争、日清戦争（中国では中日甲午戦争という）で続けざまに敗北を喫した。アヘン戦争以来、中国の社会生活における二大主要矛盾あるいは二つの基本問題がますます突出していた。一つは、民族が独立を喪失し、中国が世界の列強によって分割される危機に直面したことであり、二つめは、社会生活が立ち後れ、工業化、近代化が不足していたことである。いかに民族の独立を勝ちとるか、いかに近代化を実現するか、西洋の学問の輸入、実業の開始と経営、政体の改良から、清の政権支配の転覆等に至るまで、さまざまな主張、方法が、前後して、あるいは同時に世に問われた。経学は伝統文化の主流部分として、真っ先に強烈な衝撃を受け、現実の矛盾闘争に巻き込まれて、一定の役割を担った。これは不可避であった。それは社会矛盾の先鋭性を反映しており、それがどのような主張、方法に賛成、反対するかも示している。ここにおいて経学は、それ自体が暫時存在する価値を顕示したのであった。なぜなら、それは社会生活の現実、民族の命運、国家社会の前途と一つに結びついていたからである。

十九世紀末、維新運動が醸成され始めてから、二十世紀初めに至るまで、今文学と古文学は突如沈黙を破って同時に活発化した。両者は互いに対立し、社会の基本矛盾をめぐってたてつづけに二度の闘争を展開した。学派と政治派閥は関連していた。両派の学者には政治論争に加わらない者もいたが、それは若干の古いしきたりに固執する経書に埋もれた老学者だけであった。

一、第一の闘争、今文学の挑戦、古文学の反攻

（一）今文学、古文学双方の学者とその著作

康有為（一八五八〜一九二七）、号長素、広東南海の人、維新運動を呼びかけた思想家。一八九五年、進士に合格、工部主事を授けられる。『百日維新』に失敗して海外に亡命。かれの『新学偽経考』（一八九一年印刷）と『孔子改制考』（一八九二年編纂開始、一八九六年出版）は思想界を揺るがした二冊の書物である。もう一冊、人びとの注目を浴びた著作『大同書』は、出版がややおそく、内容も今文学を超えていた。そのほかの『春秋董氏学』、『春秋筆削大義微言考』、『礼運注』などは重要な地位を占めるものではない。

梁啓超（一八七三〜一九二九）、字は卓如、広東新会出身。維新運動での影響は康有為に次ぐ。一八八九年挙人に合格、翌年北京の会試に落第。帰路、上海を経由した際に、上海製造局が翻訳した若干

の西洋の書物を目にして魅了され、西洋の学問に接触し始めた。広東に戻って康有為の名前を慕い、康を師と仰ぎ、今文経学を学び、康の『新学偽経考』、『孔子改制考』執筆に協力。かれは、自分はかつて今文学の「熱烈な宣伝者」だったと述べている。梁啓超の著作には『飲冰室合集』がある。晩年執筆した『清代学術概論』、『中国近三百年学術史』は学術界に一貫して重視されてきた著作である。

皮錫瑞（一八五〇〜一九〇八）、字は鹿門、湖南善化出身。光緒年間、挙人となる。湖南高等師範館、中路師範、長沙府中学堂教員をつとめる。維新運動期間、南学会の発起に参加、学長に就任し、変法を宣伝。維新運動が失敗すると、挙人を取り消され、地方官の監督下に置かれる。皮は終生今文経学を修め、自らの住居を「師伏堂」と名づけた。前漢『尚書』の今文学の大家伏生を師と仰ぐという意味である。晩年の著作『経学歴史』、『経学通論』はおのずから一つの体系を成している。范文瀾は、『経学歴史』は比較的よい書物だといっている。かれは今文学を偏重していたが、各流派にたいする評価は基本的には公平だった。(1)

廖平（一八五二〜一九三二）、字は季平、自ら四訳、また六訳とも号す。四川井研出身。光緒年間、県学教諭（一説には進士に合格）、晩年、成都高等師範学校教授に就任。かれは長期にわたり経学を講じ、著作には『群経凡例』、『今古学考』、『公羊補注』等多種ある（一八九九年刻版の『四訳館経学叢書百種目録解題』は大部分が短編論文と札記である）。全著作中、『知聖篇』、『闢劉篇』が最も有名である。廖は政治的に維新運動と関わりがなかったが、思想界を震撼させた康有為の著作は間違いなく廖の啓発を受けてのものだった。今文学への反対者はかれの論説に反対したのである。

譚嗣同（一八六六～一八九八）、字は復生、湖南瀏陽出身。急進的思想家、維新運動の殉道者。かれは今文経学を専門に講じたわけではないが、主要著作『仁学』では今文学を利用して議論を巻き起こした。

徐仁鋳　維新運動時、湖南学政をつとめ、『蝤軒今語』を著し、今文学の観点を宣伝。

樊錐　湖南邵陽県抜貢、維新派が支持した邵陽南学分会会長。『開誠』、『発錮』等の篇を著し、孔子紀年の使用を主張、今文学と同一の観点をもつ。

古文経学の学者とその著作

張之洞（一八三七～一九〇九）、号香山、直隷（現在の河北）南皮の人、当時湖広総督。かれは経学者として得意でいるのを潔《いさぎよ》しとしなかったが、維新運動と経学にたいするその態度は、湖北・湖南から全国にかけての動向にきわめて大きな影響を及ぼした。かれははじめは維新運動に足を突っこみ、しきりに康、梁を抱き込もうとしていた（一八九六年、かれは梁に親筆の手紙を書き、二十数歳の梁啓超を「卓老」（すぐれた先生）と持ちあげてお世辞をつかった）が、まもなく態度を変えて、極力維新運動に反対するようになった。実際にかれは今文学派に反対する古文学派の指導的人物なのである。一八九八年四月、『勧学篇』を刊行、「旧学を体と為し、新学を用と為す」とて、封建的綱常倫理を強調した。

王先謙（一八四二～一九一七）字は益吾、号葵園、湖南長沙出身。翰林院編修、国子監祭酒、江蘇

学政を務める。湖南に戻り、城南書院、岳麓書院院長に就任。著書、編集書に『尚書孔伝疏証』等があり、古文を講ずる。[2] かれの『漢書補注』は「群言の集大成」の著作と称された。[3] 王と関係が密接だった葉徳輝はかれを軽蔑し、王は「書を著しているのではなく、書を写しているのだ」と言った。王国維も『尚書孔伝疏証』を評して「衆説を網羅するも、折衷するところなし」と言っている。

葉徳輝（一八六四〜一九二七）、字は煥彬、号郋園、湖南長沙出身（祖籍は江蘇省呉県）。光緒十八年進士、吏部主事に任命される。長期間在籍し、地方の政治活動に参与。一九一〇年、飢饉で飢えた長沙の人びとが米の値段が高いことに反対して暴動を起こし、支配者が内部で災いの原因を追究したとき、葉は、米穀を買占め、富をなす者は人の道に外れている、との理由で吏部主事を免職になった。辛亥革命中、長沙の大衆が、黄興が住んでいた坡子街を「黄興街」と改めた。葉徳輝は人に命じて街路標識を撤去させ、元の名前を復活させて文書で嘲罵したが、群衆の怒りを買い、上海へ逃れた。袁世凱が籌安会を設けていた期間には、葉は清王室の復辟、帝制復活を主張した。湖南の人びとは皖系軍閥張敬堯を追放したが、かれは張と接触しており、人びとは「安福党」と呼んだ。大革命期間、かれは農民運動を口汚く罵り、北伐軍は革命人士郭亮を裁判長とする特別法廷を設け、死刑判決を下した。五十年代、張治中が郭沫若宛ての書簡で、郭の抗日戦争回想録の、長沙が大火で焼失したことについての記載で、引用資料に問題がある、との考えを示した。手紙では、「あなたは湖南に葉徳輝という人がいたことをまだ覚えておられるだろうか。かれは中共が指導した湖南農民運動にたいして悪辣な対聯を書いたではないか」と言っている。地主土豪劣紳の手になるような文字は根拠とすることができないということなのである。[4] 葉の経学の著作には『経学通詁』、経学と関連する『説文解字故訓』等がある。版本目録学を論じた『書林清話』は一貫して名著の呼び声が高い。晩年、『郎園先生全書』が刊行された。

朱一新（一八四六～一八九四）、字は蓉生、浙江義烏出身。金華学派の理学家（金華学派とは婺派とも称し、南宋の呂祖謙を代表とする、朱熹、陸九淵の論争に調和的態度をとることを主張する学派）。光緒二年進士、翰林院編修、後に御史に任命された。一八八六年、宦官李連英を弾劾する上奏を行い、那拉氏（西太后）に叱責され、候補主事に降格。張之洞が両広総督に任命されると、肇慶端渓書院院長に招聘される。著作には『無邪堂答問』、『拙庵叢稿』、『佩弦斎文存雑存』等がある。『無邪堂』は広雅書院の中の、張之洞が題した堂名である。『無邪堂答問』五巻は、学生の質問への回答を集めた記録だが、内容は雑駁である。経学を講じたものは、かれの学生が一八九七年に編刻した『義烏朱先生文鈔』所載の『康長孺孝廉への返信』、『康長孺孝廉と性を論ず』等の五篇に見られるが、それはすなわち『翼教叢編』所収の『朱侍御、康有為の五書に答える』でもある。

蘇輿（一八七四～一九一四）、字は嘉端、湖南平江出身。王先謙が岳麓書院で講義していたときの学生。一九〇四年、進士に合格、翰林院に入る。その後まもなく日本を周遊、郵便・電信を視察し、郵電部郎中に補授される。維新運動を攻撃し、今文経学に反対。記載によれば、著作に『春秋繁露義証』

がある。(5)

梁鼎芬　江蘇呉県出身、両湖書院院長、張之洞の策士（人呼んで「小之洞」）。かれが今文、古文両派の闘争の中で取った態度と観点は、まさしく張之洞の態度と観点を反映したものだった。

注

（1）范文瀾『経学講演録』、中国社会科学院近代史研究所編『范文瀾歴史論文選集』、三三五〜三三六ページ、中国社会科学出版社、一九七九年。

（2）王先謙は『詩三家义集疏』も著している。三家『詩』は今文に属するので、王を今文家とするものもある。

（3）徐世昌『葵園学案』、『清儒学案』、一九〇巻。

（4）張治中『張治中回憶録』二七五ページ、中国文史出版社、一九八五年。

（5）エルマン（米）Benjamin A. Elman『経学、政治和宗族』（補注　副題―中華帝国晩期常州今文学派研究）、二五〇、二八〇ページ。『繁露』は今文であり、蘇輿は師の王先謙同様、経学の研究にあたっては厳格に学派の理論を区別せず、今文も古文も抄録、編纂した。

（二）今文、古文両派の経学研究における思想、主張

今文学派の思想、主張は次のとおりである。

康有為は若いころは古文経学を研究し、『何氏糾謬』を著して今文学を批判していた。また、『周礼』を研究し、『政学通議』を書いて古文学を講じていた。それが廖平の影響を受けて今文学に転じ、思想、主張において百八十度の大転換を遂げたのである。康有為の経学思想の主張におけるこの転換を、書物からの外来の影響としてのみとらえ、社会的現実の矛盾、時事の激変を無視して、かれの思想に矛盾、変化が起こったとするのは、一面的、表面的であり、筋が通らない。これは『孔子改制考』にとくにはっきりと表れている。『新学偽経考』が主として劉逢禄等の説を展開したのみであるとするなら、『孔子改制考』は当面する政治的現実にいかに対処するか、そしてこのような現実を変えるよう努めることを、ときに密かに、ときにははっきりと指し示して述べたものである。もしそうでなければ、かれは根本的に思想家、維新運動の発起者とならなかったであろう。梁啓超はこの点を明白に述べている。近代の人びとで何休を祖述して経学を治めた、劉逢禄、龔自珍、陳立等は改制を述べたが、康有為はかれらと異なる。「有為のいわゆる改制とは、一種の政治革命、社会改造を意味している」[1]。

『新学偽経考』は古文経学を全面的に否定している。康有為の言う「偽経」とは、前漢の劉歆が、博士として学官に立てることを提起した『周礼』、『逸礼』、『左氏伝』および『詩』の毛伝である。清代の正統考証学派は、かれらが信奉していた『周礼』等の書物を含めた許、鄭古文学を漢学と称した。

「新学」とは漢学の名称にたいする変更である。『新学偽経考』は前漢経学にはいわゆる古文はなく、凡そ古文はすべて劉歆の偽作である、と考える。劉歆はかれの作偽を隠すために宮中で校訂をしている際に、すべての古書に多くの手を加えた。劉歆が古文を偽造したのは、王莽の権力奪取を助け、孔子の微言大義を隠滅するためだった、とした。康有為は、このように長期にわたり中国を支配し天経地義とみなされてきた聖経大法を、乱臣賊子が改竄した偽物、さらには千年余りの中国社会の一切の罪悪行為の後ろ盾であり、徹底的に捨て去るべきものと宣言したのである。『新学偽経考』より一歩進めて、『孔子改制考』では、『春秋』は孔子が改制のために書いた書であると認定した。『春秋』一書にとどまらず、六経も孔子が古に託して制度を改めるために自分の義理制度を論述した大著であるとした。経典中の堯舜の立派な徳と偉業はみな孔子の理想によって構成されており、『公羊伝』は孔子の「通三世」、「張三統」、「受命改制」の微言大義を残しているとする。「三統」とは夏、商、周三代の違いを意味し、随時移り変わるべきものだとしており、「三世」とは拠乱世、升平世、太平世を明示し、改めれば改めるほど進歩するものとする。康有為のいう託古改制の字面の意味は孔子および孔子学説についてであるが、実際に述べているのは中国社会の現実であり、清政権は政治、経済、思想文化において改革を行わなければ支配し続けることはできず、清政権支配下の中国は封建主義の衰乱世から、かれの考える資本主義の升平世へと改めなければならない、ということなのである。『孔子改制考』は表面的には今文経学を講じた書だが、実際にはブルジョア階級の変法維新を宣伝した、動員のための書なのである。ブルジョア階級の民主、議院、男女平等が一つ一つ書に現れている。それが古人の服装をしているのは、現代の劇を演ずるためである。康有為は言う。孔子が改制を主張しつつこれを古の聖人が行ったことに仮託したのには、二つの原因がある。その一つは、「証しがなければ信じず、信じなければ民は従わないので、一切の制度を三代の先王が行ったことに託した」、すなわち、人びとに受け入れられやすいようにするには、古代の聖王の看板を掲げなければならない、ということなのである。二つ目は、「庶民が改制を行うのは、事が大きくなり、人を驚かせるので、名を先王に託するほうが、人を驚かすこともなく、自ら災いを避けることもできる」、すなわち、政治的な迫害を避けるために合法的な仮面をつけるということなのだった。[2] 孔子の託古改制についての康有為のこのような説明は、まさにかれ自身の心理と実際の活動を映し出している。『孔子改制考』は一八九六年に出版され、たちまち大きな波紋を巻き起こし、何度も禁止、廃版の憂き目にあった。これはまさにその現実的な政治的意味を物語っている。

現在の研究者の評論によれば、康有為が『偽経考』、『改制考』を著したのは尊孔の看板を掲げ、亡霊の旗印を掲げて自らの政治的主張を表出したものであり、厳復の『天演論』は西洋人の書を借りて自分の情感を表現したものである。これは中国の民族ブルジョア階級がまだ弱小であったころ、反封建闘争を行う一種の「迂回」戦術だった。[3] 事実はそのとおりである。しかも、このような迂回戦術をもとに、初めて上層の知識人の思想と社会現実闘争の中に荒れ狂う波濤を巻き起こしたのである。梁啓超は一八九八年以前には『時務報』等に『変法通議』のような政治論文を発表し、ブルジョア階級改良主義の変法理論を宣伝したほか、『春秋公法学』、『春秋界説』、『孟子界説』、『読西学書法』等を相次いで発表して、今文学の宣伝活動を大いに行った。長沙の「時務学堂」で講義を担当していたとき、かれは今文学の観点を応用して『公羊』、『孟子』等を教授し、学生の感想文に講評を加えた。学堂の雰囲気は大いに変わった。頑固派は康有為を敵視するのと同様にかれを敵視し、ことあるごとに攻撃を加えた。戊戌変法が失敗して、梁啓超は日本に逃れ、『新民叢報』等の雑誌を創刊、引き続き宣伝に従事し、国内の文章の作風はかれの影響を受けた。

梁啓超の今文学は康有為から出ているが、師の説にすべて同調しているわけでは決してない。康有為は『新学偽経考』を著して独断的な本音をしばしば示し、また緯書を好んで、孔子を神秘的に解説したが、梁啓超はいずれも好ましくない、とした。かれ自身、三十歳以後は「『偽経』のことは絶対口にせず、『改制』についてもあまり口にしていない」と言っている[4]。康有為が海外に亡命して、孔教会の設立、孔教の国教化を提起すると、国内にも賛成者が出た。梁啓超は反駁文を書いて次のように言った。漢以来、孔教が中国におこなわれること二千余年、学者はみな自分を孔教と考え、ほかの者を非孔教として排斥した。猿の群れが一つの果実を得るためになぐり合いつかみ合いし、老婆たちが一銭を手にするために罵り合い奪い合うようなもので、まことに情けない。これが二千年来、保教党がもたらした結果である、と、かれはここで康有為とは、はっきり異なる態度をしめしているのである。

皮錫瑞は日清戦争後、変法を緩めてはならないと主張し、康有為の『清帝への第四の上書』を称賛した。維新運動期間、南学会で何度も演説し、経学義例を講じ、春秋の素王改制を解説し、変法を鼓吹した。頑固派の激しい攻撃のもとで一時江西に避難。かれは今文学を尊んでいたが、康有為は独断的すぎると考え、康が『周礼』等の書はすべて劉歆によって偽造されたものと指摘しているが、劉歆にはそのような能力はない、とか、康が『史記』を信じる一方で、『史記』も劉歆によって密かに改竄された、としているが、これはもっと根拠のないものだ、と述べている。(5) しかし、今文経学特有の神学迷信的説教もそのままかれの著作に保持されている。

廖平の経学の主張は六回変化した。第一回は「今古」を講じ（一八八三年）、古文は周公により、今文は孔子によって作られたと主張し、第二回は「今を尊び、古を抑える」（一八八四年）を講じ、今文は孔子の真学で、古文は劉歆の偽作だと考えた。三回目の変化は「小大」を講じ（一八九八年）、今文の主旨は『王制』にあり、小一統であり、古文の主旨は『周礼』にあり、皇帝の大一統である、というもので、四回目の変化は「天人」を講じ（一九〇二年）、五回目の変化では「天学」を講じ（一九一八年）、ますます突飛になっていった。その後『孔子哲学発微』を著し、全世界は最後には孔学の統一に帰すると述べたが、荒唐無稽なこじつけで支離滅裂である。

廖平は経学を講じて名声を博した。これはかれが大官僚潘祖蔭と交友し、学術観点が広範囲に広まったこと以外に、康有為がかつてかれの影響を受けたことと関係がある。前述のとおり、前漢今文経学の核心は、孔子学説は漢のために制度を立て、古に託しての改制にあったと断定する。廖平の『知聖篇』は董仲舒の言い方にならって、孔子の学問の宗旨は託古改制にあると述べている。これはまさにすべての近代今文経学の核心的な内容である。龔自珍、魏源は今文学を講じ、変法を講じたが、この核心的な内容を重視しなかった。『知聖篇』は繰り返し孔子は古に託して制度を改めようとし、劉歆は古文を偽造したと述べている。たとえば、「先師改制の説とは、まさにこのことを言っている」。「それは改制の説と異なることはない」。「改制すれば事理は平常なり」。「六芸はもともと孔子の新義であり、特に自らこれを述に託する」。「六芸を旧文として推すのは、改制の跡を隠すためである」。清代の経学家恵棟、戴震等は、「漢学を推断、演繹するとの名目だが、実は莽、歆を手本とし、前漢の漢学とはまったく無関係であり、同日に論じることはできない[6]」というのである。康有為は廖のこれらの書から啓発を受け、古文経学を治めることから今文経学へと転じた。康有為はこのことを隠しているが、廖平は自らの著作でこのことを繰り返し述べている。かれによれば、『知聖篇』は一八八八年に書きあげ、そのあとまもなく広州に遊び、刊行しようと思ったが、気になる部分があったのでそのままにしたという。その結果、「その義を用いて書を著し説を立て、上奏文を作るものが現われた」というのである。「外に流布している『改制考』は『知聖篇』の祖述であり、『偽経考』は『闢劉篇』を祖述しその主旨を多く失っている」等等。廖もみずから康有為に手紙を書き、その経緯を述べている[7]。康有為の『新学偽経考』は一八九一年、かれが廖平と広州で会って以後刊行されたものである。梁啓超の指摘によれば、公羊学の研究は康有為が廖平から手に入れて以後、練りあげられた。康は若いころは『周礼』を極めて好んだが、廖平の著書を見ると旧説をすべて捨て去った。廖は、語るに足りない人間ではあるが、康有為の思想が間違いなくかれの影響を受けていたことは偽りようがないというのである。梁啓超はまた指摘している。廖は張之洞から賄賂を受けるよう迫られ、書を著して自ら反駁している(8)。廖の著書の記載によれば、戊戌変法以前かれは『周礼』に反対し、劉歆を非難したが、張之洞がかれに、『周礼』を攻撃するのには賛成しない、また、『知聖篇』は大いに流弊があるとして、かれに「退筆(9)」つまり以前の観点を放棄するよう伝えた。かれはそこで考えを変え、微言大義と関わる一切の論述を削除し、帝、王二字の標題を用いて、今、古の名目を立てなかったというのである(10)。経学におけるかれの三回目の変化と二回目の変化における矛盾は、ここから解釈できる。戊戌変法以後、廖平は『群経大義』を著して特に指摘している。「この篇を書くことによって香帥(張之洞のこと。号の香濤に発する)が人材を育成した労苦に副うた(11)」。これはかれが張之洞の諒解を得ることを引き続き望んでいることを表わしている。廖平の死後、章太炎は墓誌銘を書き、廖の経学が六回変わった中で、『周礼』と『王制』は統治の範囲の大きさが違っていることが最も見るべき点であると述べている。康有為が受け入れたのは廖氏の二回目に変わった観点にすぎないのであり、称賛に値しない。廖の学問には根底があり、経学の歴史に通暁しており、康有為のように他人のものを剽窃したわけではない。世の人は廖と康を同列に論じているが、それは妄説であるという。章太炎はここでは主として康有為を批判しているのであって、もちろん廖の三回目に変化した主張は自分の古文経学の観点と比較的近いので、これを肯定しているのである。銭穆によれば、廖平はなぜ尊孔しなければならないかという道理を探し出そうと努めたが、一向に見つからなかった。「そこで、しばしばその書を変え、適当なものを求めた。その学は考拠でも、義理でも、漢でも、宋でもなく、憶測に近づき、ついには奇怪になり、とらえどころがなく読者を惑わした[12]」。銭のこの言い方は正しい。

譚嗣同は維新運動における重要な活動家、急進的思想家である。かれは経学のみを講じたわけではなく、この面の専門的著作はない。しかし、かれは『仁学』で、『春秋公羊伝』は自分の思想の源の一つだと述べている。その中で孔子学説に関わる部分はすべて今文経学の観点を引き寄せて自由に展開している。たとえば、かれは公羊学から推断すると、「三世」には「逆三世」と「順三世」の二種類があると言っている。「順三世」の「太平世」は「君主廃されれば、貴賤平らかとなる。公理明らかなれば、貧富は均しくなる。千里万里が一家であり、一人である。その家を旅の宿とみなし、その人を同胞とみなす。父はその慈しみを用いるところなく、子はその孝を用いるところなく、兄弟はその友の恭しさを忘れ、夫婦はその唱随を忘れる。西洋の書物『百年一覚』(Edward Bellamy, Looking Bachward) は『礼運』の大同の様子を思い浮かべさせるものである[13]」。「孔子は拠乱世にあったが、古学を斥け、今制を改め、語に託して意味を込め、升平、太平にも熟慮を重ねている……漢が衰え、王莽は上にあって策略を使い経学で政権を簒奪し、劉歆は下にあって古経を改竄してこれを煽った」[14]。「天子は天の名の下に天下を圧倒し、……民はここに至り愚かさが極まり、至って不平等になる。孔子が登場してこれを変え、『詩』、『書』を添削し、『礼』、『学』を考訂し、文字を研究し、制度を改め、その基本を『春秋』に込める。『春秋』は君の専横を憎み、天はこれによって収まると称し、故に天下諸侯にはみな褒貶を施し、自らは素王として立つ。また、天の専横を憎み、元によってこれが収まると称し、故に『易』、『春秋』はみな元によって天を統べる。『春秋』はこれを公羊に授け、故に『公羊伝』には微旨が多い。……君が不善であれば、人びとがこれを戮《ころ》し、はじめはいわゆる反逆ではない」[15]。「孔子は初めて教を立て、古学を黜《しりぞ》け、今制を改め、君統を廃し、民主を倡《とな》え、不平等を平等に変えようと、汲々然として動いた。どうして荀学者がその精意をなくしたのか、……これより二千年来、君臣の一倫はもっとも暗黒で閉塞し、もはや人理はなくなった。今に至って、まさに極まった……もともと中国を知らず、もともと孔教を知らなかった元の鉄木眞（テムジン。姓は奇渥温）、清のヌルハチ（姓は愛新覚羅）等の卑しい異民族が野蛮と残虐な気性で中国を掠めとってしまった。……凡そ孔子の徒たる者、どんなにか痛恨し、一掃しようと思ったことか」[16]。

譚嗣同のこれらの論述は、孔子の託古改制、劉歆の古文偽造、および『礼運』と結びつけて公羊「三世説」を解釈することのほかに、集約すれば、孔子を君主専制に反対して民主主義を主張する偉大な思想家、改革者に仕立て上げて、中国復興の出路は孔学の改革精神の復活と民主主義の実行にあると強調したのである。かれは、孔子学説の宗旨は古学を黜け、今制を改め、「君統を廃し、民主を唱え、不平等を平等に変える」ことだと断言した。二千年にわたり天経地義とみなされてきた「三綱五倫」は、専制君主が人民の体と心を操る道具に過ぎなかった。それにより人民は自由を得ることができず、世の中は暗く閉塞感に満ち、もはや人理はなかった。現実に結びつけると、清朝の支配を覆し、孔学の教義を復活させ、民主主義を実行させる、ということになる。後のほうの言葉は改革を語っているのではなく、公然と革命を呼びかけている。譚嗣同の今文学の観点はほとんどが康有為から出ているが、両者は孔学と清政権にたいする態度が非常に異なる。譚嗣同は「網羅の衝決」を提起し、孔学の枷から逃れるようつとめ、反満を宣伝した。康有為はそうではなく、不満をもち、「魂が定まっておらず、足が地に付いていない」、よい死に方をしないなど、と陰で罵っているだけであった。譚嗣同の『仁学』の部分的な印刷稿は戊戌変法前に一部に流布していた。一八九七年、梁啓超は『時務報』に発表した『説群自叙』の中で、厳復の『天演論』、譚嗣同の『仁学』を手にして「心を打つものがあった」と述べている。おそらく古文派は『仁学』の内容を知らなかったのだろう。かれらは今文派との論戦で譚嗣同の今文学の観点と民主、平等を主張する過激な言論を名指しで攻撃してはいない。革命を呼びかけた『仁学』の言葉は、大逆無道、斬首間違いなしの根拠を直接構成したはずである。反対派が知っていれば、摘発しないはずはなかったのである。

古文経学派の思想、主張は次のとおりである。

張之洞は、自分は一貫して古文学を主張し、今文学に反対している、と述べている。かれは自ら述べている。「平素から学術では公羊の学をもっとも憎み、学者と話すたびに必ずこれをそしってきた。四十年前からすでにそうであり、乱臣賊子を助けることになると言ってきた。光緒半ばにいたり、果たして奸人が公羊の説を広め、乱を煽動し、いまだに頑なである」[17]。かれはかつて康有為を買収して『孔子改制考』を放棄させようとし、「必ず面倒を見るので、この学を行わないようにと、しきりに勧めた」[18]が、康に拒絶された。かれはまた廖平を批判し、廖にその学術的観点を改めるよう迫った。かれは徐仁鋳に電報を打ち、『湘学報』の議論が、「モーゼを崇拝したり、民権を主張したり、公法を『春秋』になぞらえたり」していて奇怪であると叱責し、『湘学報』の湖北での発行を許さなかった[19]。かれはまた湖南巡撫陳宝箴に電報を打ち、新しく出た『湘報』の文章が著しく偏向しているので、是正するようかれに求めた[20]。その著書『勧学篇』の経学と関わる部分では古文学の立場に立って今文学を批判した。張之洞は自ら、『勧学篇』は邪説を退けるために書いた、と述べている。かれの幕客辜鴻銘は、張之洞は「富強を借りて中国を保とうとした、中国を保とうとしたのは名教を保つためだった。その後、文襄（張之洞の諡）門下の康有為の輩の如きは宗旨を誤解し、文襄のやむを得ざるの苦心を知らず、変法を言い新政を行い、遂に戊戌、庚子の災いを作り出した。ああ、文襄が『勧学篇』を書いたのは文襄のやむにやまれぬことであり、康梁を絶って天下に謝するためだったのだ」[21]と述べている。つまり、『勧学篇』は康梁に反対するために書かれたのである。

王先謙は地方で広く勢力をもち、葉徳輝、張祖同、孔憲教とともに湖南四大紳士と称された。かれは維新運動期間に維新派に反対する湖南頑固派の首領だった。かれは張祖同、葉徳輝らと図って湖南巡撫陳宝箴に手紙を出し、時務学堂の改組と維新派人士の追放を求めた。手紙の中で、梁啓超らは康有為の学術を受け継ぎ、平等、平権を宣伝し、「自ら西学の通人を任じているが、実はみな康門の変種」である、と攻撃した。また譚嗣同、唐才常、樊錐、皮錫瑞らを非難し、かれらは風に乗じて波を立て、言論をほしいままにし、無数の青年子弟に、忠孝節義の何たるかをわからなくさせた、と言った[22]。かれは章炳麟も「湖南腐儒」の主要人物だと退けた。

葉徳輝は古文経学を講じ、『周礼』、『左氏伝』を崇め、『公羊』、『穀梁』に反対した。かれは『周礼』が官を分け、事を治め、事によって官を設けたことは泰西の政教にほぼ近く、実用できると考えた。『左氏伝』の文章と伝記はそれぞれその能力を尽し、筆削褒貶の旨意を理解することができる。『公羊』、『穀梁』はいずれも伝記家ではなく、文章家である。劉逢禄は『公羊』を提唱したが、後の人びとは『公羊』を借りて邪説を推し進め、経典を離れ道に叛いた、という。葉徳輝のこれらの言論はいずれも古文家の言論であり、同時に明らかな政治的目的を抱いて発せられたものである。

朱一新の『復康長孺孝廉』など五篇の文章は、すべて康有為の『新学偽経考』を反駁したものである。かれは、康有為が前漢における今、古文の論争を曲解している要所を指摘している。「漢儒は激しく争っていたが、『左氏』は経を伝えていないと言っているだけで、それが偽書だとは言っていない」。また、康の方法も間違っていると指摘している。『史記』の引用も思いつきで、互いに矛盾し合っている。これらの手紙類はいずれも平静な気持で書かれた学術論争であり、事実を挙げ、道理を説いたものである。康有為の記するところによれば、かれと朱とは何度も反駁し合い、話し合った結果、朱は目ざめて、康の言う孔子の大道に同意するようになったという。朱の公開言論と手紙類は日常的なものにすぎない。しかし、学術だけを語り、政治を語っていない。この点で、朱一新は今文学派の廖平に似ているといえよう。

蘇輿は維新運動期間に維新運動を攻撃し、今文経学に反対した。かれは今文学を批判した古文派の論著を集め、『翼教叢編』を編集し、百日維新失敗後に出版した。かれは『叢編』の序言で、梁啓超は時務学堂で講義を担当し、康有為の『新学偽経考』、『孔子改制考』を主とし、平等民権、孔子紀年等の説を加えたが、「六籍を偽とするのは聖教を滅するものであり、改制に托するは乱を憲とするものので、平等を唱えるのは綱常を堕落させ、民権を伸ばすのは君上をなくするものであって、孔子紀年は本朝があるのをわからなくさせようとするものだ[24]」と述べた。これらはいずれも相手を死地に追い込む大きなレッテルである。章炳麟は『翼教叢編書後』で、この本の康有為の経の説明にたいする反論は要点を突いていないわけではない、政変にまでつなげて論を立てたのは、自分が欠点をつくりあげたようなもので、「逆閹が東林を陥れる」のと同じであり、意図は陰険である、と述べている。梁啓超は、葉徳輝が『翼教叢編』数十万言を著した云々と言っているが、印象から出たもので不正確であるが、蘇輿が論争の相手にかぶせた大きなレッテルは葉徳輝らの言い方を使用したものだというのは正確である、と述べている。

注

(1) 朱維錚校注『梁啓超論清学史二種』、六五ページ。
(2) 康有為『孔子改制考』一一巻、『康有為全集』三集、三一四ページ、上海古籍出版社、一九九二年。
(3) 鄭永福、田海林『〈天演論〉探美』、『近代史研究』、一九八五年三期。
(4) 朱維錚校注『梁啓超論清学史二種』、七〇ページ。
(5) 皮名振『皮錫瑞年譜』、翦伯賛編『戊戌変法』四冊、一九一ページ。『中国近代史資料叢刊』、神州国光社、一九五三年。
(6) 廖平『知聖篇』上巻、五、六、二一、二二、三八ページ。
(7) 廖平『知聖篇読法』、『家学樹坊』上巻、三ページ、摘刻本『四変記』二巻。
(8) 朱維錚校注『梁啓超論清学史二種』、六三ページ。
(9) 廖師慎『読易紀聞』附録最末、四ページ。
(10) 廖師政、廖師慎『家学樹坊』上巻、三九ページ。
(11) 廖平『群経大義』、五ページ。

(12)銭穆『中国近三百年学術史』、七二四ページ。
(13)譚嗣同『仁学』四十七、『譚嗣同全集』(増訂本)、三六七ページ、中華書局、一九八一年。
(14)『仁学』二十九、『譚嗣同全集』三三五〜三三六ページ。
(15)『仁学』二十七、『譚嗣同全集』三三三〜三三四ページ。
(16)『仁学』三十、『譚嗣同全集』三三七〜三三八ページ。
(17)張之洞『抱冰堂弟子記』、『張文襄公全集』二二八巻、二七ページ。この書は張の自作だが、『弟子記』とした。
(18)康有為『康南海自編年譜』、同上書一三五ページ参照。
(19)張之洞『張孝達尚書電致徐学使書』、蘇輿輯『翼教叢編』六巻、一ページ、光緒二十四年(一八九八)八月武昌重刻本。
(20)張之洞『致長沙陳撫台、黄臬台』、『張文襄公全集』一五五巻、二〇ページ。
(21)辜鴻銘『張文襄幕府紀聞』、『辜鴻銘全集』上冊、四一九ページ、海南出版社、一九九六年。
(22)『湘紳公呈』、『翼教叢編』五巻、一二ページ。
(23)『朱侍御答康長孺書』、康有為『与朱一新論学書牘』附録参照、『康有為全集』一集、一〇二六ページ、上海古籍出版社、一九八七年。
(24)蘇輿『翼教叢編・序』

（二）今文学派、古文学派論争の主要な問題

康有為の『新学偽経考』に始まる、大いに今文学を宣伝し全面的に古文学を否定する過程は、古文学派が立ち上がって応戦し、双方が論戦、闘争した過程だった。双方は論争の中で多くの細かい事柄に論及したが、おおむね次の二つの問題に分けることができる。第一は以前から今文、古文学で論争が起こっていたことであり、第二はこのときの論争で新たに提起されたこと、つまり、双方の闘争の鍵となった問題である。

第一の問題は、古文経学が劉歆の偽造から生まれたのかどうか、である。

今文学派は劉歆が古文を偽造したことを異口同音に肯定している。かれらによれば、劉歆は宮中における校書の権を借りて諸経を錯乱させた。後世、古文が流行したのは劉歆に欺瞞、愚弄されたのである。だから、劉歆の偽りを斥けなければ、孔子の道は明らかにならない、という。古文派は反論していう。いわゆる劉歆の偽作との説は、根拠なく捏造されたもので、確かな証拠がない。劉歆が古文を偽造したとの指摘は、広く類例を引用しているが、主たる論拠は『漢書・王莽伝』、『西京雑記後序』、『史通・正史篇』の記述である。『王莽伝』では劉歆が「五経を顛倒させ、師法を壊し、博士を惑わした」と書いている。この言葉は明らかに劉歆が「五経を顛倒させ、師法を壊し」とは言っているが、かれが何を偽造したのかは述べていない。劉歆は古文を起こして官学とすることを提議したが、すぐさま今文博士の激しい反対に遭った。しかし、今文博士たちも劉歆が旧章を変えて乱したと言い、先

帝の立てたことを壊したことを非としただけで、かれがどのように古文を偽造したかという罪証を言い立てていない。『西京雑記後序』と『史通』も同様に何ら証拠を提示していない。班固は蘭台令史を務め、『漢書』を編纂したが、かれの時代は劉歆と百年と隔たっていないのに、どうして何も聞いていないのか。賈逵、馬融、許慎、鄭玄も東京（洛陽）の大学者なのに、どうして劉歆に騙され愚弄されるのみで、一人として告発しなかったのか。『新学偽経考』は『史記』を立論の根拠として引用し、証拠が確実で動かし難いとしたかと思うと、『史記』の関連する記述を偽造として斥け、信ずるに足りないものとした。同じ書物から自分に都合のよいところだけ勝手に取捨したのである。このように得られた結論がどうして成立するだろうか。二千年伝えられた六経がひとたび劉歆の偽造品とみなされるや、すべての研究者がその説を固守できなくなり、古書の上で自分の見解と合わないものを偽説と指弾し、孔子にさえ頭を下げさせて自分に都合よく使おうとしたのである。こんなことがあっていいはずはない。

経学は微言大義を重んずるべきか、名物の訓詁を重んずるべきか、口述による伝承を重視すべきか、書面による伝承を重視すべきか。

今文学派は、経学は微言大義を重んじるべきで、考証に惑わされてはならない、と考えた。かれらは、名物の訓詁以外に経学はない、と考えた清代の学者がいたために、どれほど多くの人が心力を消耗し、しかも役に立たなかったことか、と指摘している。人びとはこのために経学は無用だと考えた。

このような状況は改められなければならない。微言大義を重んずるなら、口述による伝承の内容を重視すべきである。孔子は当時の人間や事柄を回避しようとし、『春秋』で事例を列挙したのは記号としてだけであって、微言大義はすべて口述で伝承された。つまり、孔子学説の真諦は口述を伝承する今文学にあり、書面による伝承を重んじる古文学にはない、ということである。漢代の公羊学者何休が「文章を貴ぶ者はこれを俗儒という」と言ったのはこの意味である。古文派は反論し、微言大義と訓詁を掌握することはどちらもおろそかにできないと言った。微言大義は後世の義理の学の出発点であり、名物の訓詁は後世の考証学の出発点である。名物の訓詁を理解していなければ、どうして微言大義を理解できるだろうか。今文学派があのように口述による伝承を強調したのは自分たちの私貨を売りさばくのに都合がよかったからである。劉向、班固は、孔子門下の七十子が亡くなり大義が変ってしまったといっているが、これは感慨を込めた言い方であり、孔学の大義は喪失していない。七十子に保存されていたものは『論語』に見られ、七十子の後学に保存されていたものは諸子百家や漢代の儒者の引用に見られる。口述による伝承は一定ではなく、記憶は曖昧で、意味がまちまちである。ましてや尋常ならざる不可思議な論が多いのである。口述による伝承を重んじ、書面による伝承を軽んずるなら、『春秋』は不完全で資料にならないものとなり、どこにその微言大義を求めたらいいのか。

『周礼』、『左氏伝』、『古文尚書』などの書の価値をどのように評価すべきか。

今文学派は次のように言う。『周礼』、『左氏伝』、古文『尚書』は劉歆が偽造したもので、左氏が『春秋』を伝えていないことは漢代の人が述べている。『左氏伝』は当時の歴史家の言であり、偶然『春秋』と同時だっただけであって、後者に替って伝を作ったわけではない。『左氏伝』は経を伝える作であると指摘したのは、後の好事家の言い方である。古文学派は反論して言う。『周礼』は比較的複雑だが、劉歆の偽造だとは断定できない。『左氏伝』の論断の中には道理にかなっていないものもあるが、後の人が附加したのだろう。漢代の人が左氏は『春秋』を伝えていないといったが、この書は偽造だと考えていたわけではない。劉逢禄は『左氏春秋考証』を著し、劉歆が『左氏伝』を偽造したとの説は事実を曲げて人に罪を着せるものであって、信じるに足らない、と提起している。『史記』の多くの部分は『左氏伝』から採っているが、もし左書が後の偽造であれば、司馬遷はどこから採取したのか。『春秋』を経とし、『左氏伝』を史とする説が正しいわけではない。「六経はみな史である」。古い時代には書に「史」と名づけたものはなかった。『左氏伝』、『公羊』、『穀梁』の三伝もそれぞれ経に付随しており、最初は「経」の名目はなかった。経と史を分けて呼ぶようになったのは漢以後である。このとき公羊学者が『左氏伝』を史とし、経と関わりないものとしようとした目的は、『左氏伝』を廃棄し『公羊』だけを尊ぶためだった。経と史はもともと区別がなく、無理に区別するのは意味がない。東晋に現れた偽『古文尚書』が、閻若璩、恵棟らの考証により、漢代の『古文尚書』と完全に無関係であることが明白となったことはよく知られている。

経学を研究するにはどのような主義をもつべきか。

今文学派は、経学の研究には経典に通じ応用することを主義とすべきだと言っている。清代の儒者は経学を講ずるに当たって、ともすると、経学は古を考えるためのものだと言った。この言葉は非常に誤ったものである。古は過ぎてしまっており、それを考えても何の役にも立たない。六経が記載している大義は、すべて今日実行できるわけではないが、そこで述べられている公理、原則、政治制度はかなりの部分、今日でも依然として採用できる。われわれが経学を研究するのは、経典に通じて応用し、今日の問題を解決するためである。古文派は、今文派は前漢の微言大義を主張しているではないか、と論難する。古を考えることを誤りとするなら、どうして西京（長安）の微言大義の学があったことがわかり、どうして東京（洛陽）の考証訓詁の学があったことがわかるだろうか。孔子は信じて古を好むと言い、また、古を好み努めて求める、と言った。孔子がどうして過去の事を研究するのは無益と考えたなどと言えようか。

経を研究するには、まずどの経に通じるべきか。

今文学派は、経を研究するにはまず『春秋・公羊伝』に通じるべきだと言った。孟子が孔子を論ずるたびに『春秋』に言及し、孔子の生涯で最大の事業としてこれに勝るものはない、と考えていた。司馬遷、董仲舒が孔子を論ずる際にも必ず『春秋』を挙げた。かれらは『春秋』が孔子の経世の書であることを深く知っていた。西洋人は個人で書を著したものが国際公法となり、各国で守られる。

『春秋』という書は孔子が定めた万世公法学である。これが、孔子が「素王」たりえた理由である。『公羊伝』が伝える『春秋』の微言大義はもっとも奥深く明解である。学者はまず『公羊伝』に通じれば、応用を論じ、現実問題を観察できるようになる。古文派は反論して言う。春秋「素王」の説は七十子の徒が孔子を推賞した言い方であり、孔子が自ら素王と称したわけではない。しかも、このような言い方は最初は緯書から出ており、本来疑わしい。西洋のいわゆる万国公法は、強国はこれを用いていたるところで利を得、弱国はこれによって終始牽制される。西洋人の中国での行為が万国公法などを重んじなかったことは、人びとの耳目に明らかである。康有為の徒が変法を提唱し、根拠のない公羊学者に仮託して人心を惑わしたのは、実際にはその会党の私心を実現させようとしたのである。それはまさに孔子のいう、虚偽の言説を弄んだ少正卯である。中国が西洋の学を採り入れて実行し、西洋の器械を製造してすでに三十年経っていた。清仏、日清の二度の戦争で、なぜ何の効果もなかったのか。これは、法を変えて人を変えなければ、外国人が一笑に付する値打ちもないことを物語っていた。孔子の公法は春秋時代にも実行されなかったのに、どうしてこの時実行できただろうか。経学の講壇における、人を騙す詭計を暴き出さなければならない。それがどんなに美しい装いを凝らしていようとも。

六経は誰によって作られたのか。

今文学派は、六経は孔子によって作られたと言う。廖平は『知聖篇』において、今文、古文の違い、

「孔子の述べたことと行ったこととの弁別は、千古の一大学案である」と述べている。かれは『群経凡例』、『古学考』などの著作において、同様に、六経は孔子によって書かれ、伝わってきた経書も完全無欠なものである、と認定した。康有為は廖平の観点を踏襲して、『孔子改制考』に『六経皆孔子所作考』の一章を特に設け、『詩』、『書』、『礼』、『楽』は孔子が前代の書を借り、削定したもので、『易』、『春秋』はすべて孔子の手筆による、と指摘した。かれは、経学を講ずる者は六経が孔子によって作られたことをまず知らなければならず、その後ではじめて孔子が大聖、教主であり、その学説が世界に広がり、地位が独尊である所以を理解することができる、と述べている。その他の今文学を宣伝する作品においても、孔子が万世の師表であるのは、かれが六経を作り、前代の聖賢よりはるかに偉大であるためだ、と考えている。孔子が六経を作ったと主張することは、このときの今文派にとって、劉歆が古文を偽造したと主張するのと同様に重要であった。孔子がもし六経を作っていなければ、今文派の言う孔子の託古改制は自ずと拠り所を失うからである。古文派は、孔子が『易』の象をたたえ、『詩』、『書』を添削し、『礼』、『楽』をまとめ、『春秋』を編集したことは、秦漢以後、百家の記載するところであり、すべて同様である、と述べている。『論語』、『孟子』にも同様の記載があり、歴然としている。孔子自身、述べて作らず、と言っている。それが今突然、孔子がやっていない事をやったというのは、急に天子の服を着せるようなものである。表面は孔子を尊ぶ名にかこつけ、ひそかに六経に反対する実を行おうとしたのだ。六経に反対する実、という言い方は、明らかに今文派の急所を突くものではなかった。

『春秋』という書の価値はどこにあるのか。『春秋』と孔子の託古改制の関係の問題。

今文学派は言う。『春秋』は事を記した書ではなく、主旨は微言大義を明らかにすることにあり、事実を記述しているから重要なのではない。それは孔子が制度を改定し万世に教える書である。孔子は学派を創造し、熱心に世を救う人物であった。改制は孔子が作り上げた学派、学説の中心である。しかし、実際には孔子にとどまらず、戦国の諸子も前代の聖王に仮託して自分の学派を創造したのである。古文派は反論して言う。事と義はどちらかを廃することはできない。その事を見なければ、その義を明らかにすることはできない。『春秋』は後世のために法を立てたのであり、孔子が人びとに空論のみを知り、事実を知らぬよう教えたということはありえなかった。孟子は、孔子が『春秋』を書いて乱臣賊子を恐れさせたのは、裏付けることのできる事実があったからである、と言っている。今文学者が事実を記述する左氏を激しく非難し、義を明らかにする『公羊』だけを尊んだ目的は、康有為の学をおしひろめるのに都合よいように、事と義の併記を抹殺することにあった。孔子の改制は、経に明文はなく、伝にも明文はない。『公羊伝』に「春秋の大義を定めて後世の聖王を待つ」との句があるが、どのように解釈しても、託古改制の意味はない。孔門七十子の後学になってようやく孔子改制の伝説が生まれたのである。何休はそれを用いて『公羊』を解説し、それが今日の邪説の元となった。『春秋』で魯に王を託す、つまり魯国の君主隠公に受命の王を託す、といっているのは董仲舒の

『春秋繁露』の言い方である。『春秋繁露』の信頼性は前人の著作で疑われている。『漢書』董仲舒伝は、当時かれの弟子呂歩舒はすでにその師の説を知らず、「大愚」と呼んだ、と書いている。董仲舒はそのために危うく生命を失うところだった。千年後、われわれはどうして彼だけが孔子改制の秘密をつかんだとの一家言を信じることができようか。孔子が『春秋』を編集したのは魯国の視点に立って記述したのであり、それはちょうど後世の郡県誌の編集がある場所の視点に立って記述したのと同じである。春秋時代、諸侯が並立し、各国はそれぞれ紀年をもっていたが、『春秋』が周の暦書を用いず魯国の年号を記したのは、それが各国で起こった出来事を魯国の歴史の順序にもとづいて記載していることを示しているのみで、理解できないところはない。後の公羊学者が説明しようとすればするほど奇抜になり、異議が次々と起こり、経義は見えなくなり、災いは言うにたえない。

孔子の託古改制はこのとき今文経学がしっかりとつかんだ鍵であり、古文学派もそのためこの問題をとくに重視せざるをえなかった。王仁俊が著した『実学平議』の一篇を『改制闢謬』という。文中で十の理由を列挙し、改制説の誤謬を批判して次のように述べている。現在、ある人は本朝の臣となり、突然書を著し説を立て、清朝を明朝の制度に改めようとしている。これはまぎれもなく反逆であり、[1]反対しないわけにはいかない。

孟子の経学上における地位の問題。

今文派は言う。孔子の学説は後に二つの大きな派に分かれ、孟子を一派とし、荀卿を一派とする。

孟子の学術は経世にあり、荀子の学術は伝経にある。秦漢以後、孔学は荀卿の一派に掌握された。荀学は孔学の非正統派である。孟子は六経の中で『春秋』からもっとも力を得たのであり、『春秋』で伝えられたのは大同の義である。大同の義は三世説と相通じる。古文派は反論して言う。荀卿が伝えたのは孔門の正学である。それを非正統派というねらいは、二千年来の漢宋の諸儒者の学説を一掃し、口頭で伝えられた『公羊』だけを残そうとすることにあった。三世とは何か。『公羊伝』に明文があり、三世とは所見世、所聞世、所伝聞世である。後の公羊学者はそれを拠乱世、升平世、太平世に推断、演繹したが、『公羊伝』の三世とは関係がなく、大同の義とは尚更関係がない。『左氏伝』は、『春秋』はその国を内として諸夏を外とし、諸夏を内として夷狄を外とする、と書いている。経書では、夷と夏が混ざり合って一統となり、大同へと変るなどとはどこにも書かれていない。孟子のみが大同の義を伝えているなどということがどうして言えるだろうか。康梁の徒はいたるところで『公羊』、『孟子』を講演し、その大同の説を宣揚した。これに照らして見れば、かれらが孔子紀年を主張した目的は君主廃止にあったのであり、孔子尊崇にあったのではない。

第二は、双方の論争の鍵となる問題である。

開新か守旧か、変法か変法反対か。

中国社会の基本矛盾または主要問題は何か。このとき維新派は、危機感にあふれた言葉で、つぎのように明確に提起した。それは「救亡図存」「維新変法」および「振興実業」のスローガンと要求とである。光緒帝の発布した百あまりの詔令には、政府による鉄道鉱山部門の設立、私人による実業振興の呼びかけ、発明創造の奨励と特許権の設定などをふくむ「実業振興」にかんするものが相当の部分を占めていた。これは、中国社会の基本矛盾または主要問題とは、中国が分割の危機に瀕し、民族は圧迫を受けて、独立・解放を要求していたこと、社会の生産が落伍し、近代化実現を要求していたことをものがたっている。差しせまった問題というのは、民族独立、国家近代化の目的を達するには如何なる道を進むか、にあったのである。維新派の計画は、「維新変法」つまり封建専制政体を改革し、民権を起こすことから日本、ロシアの立憲君主制に倣うことであった。頑固派と、もともと枝葉末節の「改革」を主張していた洋務派は一致して反対した。変法と変法反対は時局の激動の渦となった。

今文経学と古文経学両派の論争は、いまや維新派と維新運動の反対派に直接結びつくにいたった。双方の書物における是非得失の論争は、いまや社会現実問題、政治的主張における対立と論争へと変わった。双方の政治的主張には、経学のなかに混ぜられて論じられたものも、経学の字句を援用して自らの勢いをつけようとしたものもあった。かれらは相互の政治主張の対立を、はっきりと「開新」と「守旧」の対立、実質的には変法の主張と変法反対の対立に収斂していった。具体的にいうと、変法・民権・平等などの幾つかの問題についての対立である。今文学派およびかれらと同様の政治的観点を抱く人は、開新を主張し、変法を要求し、民権・平等を提起した。古文学派およびかれらと同様の政治的観点を抱く人は、守旧を主張したり、あるいは事実上守旧を要求したりして、変法に反対し、民権に反対し、平等に反対した。経学における「偽経」と「改制」に反対するかどうかの論争は、現実の闘争についての一種の手段にすぎなかったのである。

変法について、康有為は経学を論じた際には、「託古改制」の言葉を採り入れて宣伝を行い、上書、上奏に際しては、直接、変法の主張へと変えた。康有為は『上清帝第一書』において明白に変法のスローガンを提起した。『上清帝第一書』は、「皇上が旧法の害を知れば、すなわち変法の利を知る」、「変法の宜しきを講求し、次第にこれを行う」べきであると述べ、また、ひとたび「変法すれば、治はただちに期待できる」と述べている。康有為はそのうえ、変法とはすでに行われているような商局、学堂、鉱山開掘会社の設立、電線、機械、汽船、軍艦などをつくることではなく、「上体があまりに尊く、下情が伝わらない」局面を改めなければならないことだと述べている。古い局面が変らなければ、「よい制度や方法も大きな害となり、変えないほうがまだましである」[2]。『上清帝第二書』は董仲舒の「政を行い、順調でなければ、深刻な状況下では改めて変革しなければならない。このようにしてはじめて治めることができる」との言葉を引いて、「窮すれば変じ、変ずれば通ず」ることを強調し、祖宗の法は変わるべからず、という観点を批判して「議郎」設立の主張を提起した。[3]「変法維新」は康有為と維新派の活動のスローガン、旗印であり、今文学が宣伝した内容でもあった。

古文派は変法に反対し、自己の守旧を極力弁護した。かれらは新学を邪説と斥け、洋務を興すこと、実業を行うことなどを変法と同じものとみなした。張之洞は『勧学篇』で一方で人を洋行させ遊学させ、新聞社をつくり、農工商業を奨励することなどを主張しながら、一方では封建支配秩序の「倫紀聖道」、「三綱四維」を変えることに反対した。かれは言う。「変えることのできないものは、法制ではなく、倫紀であり、機械ではなく、聖道であり、工芸ではなく心術である」。「法とは適宜変るものであり、常に同じでなくてよい。道とは本を立てるもので、一つであるべきだ。……いわゆる道の本とは三綱四維である。もしこれらを放棄すれば、法が行われないうちに大乱が起こる」[4]。湖南城南書院、岳麓書院の一部の人が発起して定めた「湘省学約」は、現在、人びとは口を開けば維新、守旧を語るが、実際には何が新で何が旧か、わかっていないと言っている。経史の研究、義理の解明、詞章、訓詁の努力はすべて学者が修めるべき学業であり、旧だけのものではない。いわゆる新学は、工芸製造の研究、外国の政治学術への通暁であるべきだ。改制、創教を呼びかけ、民権、平等の邪説を宣伝する人びとは維新を自称するが、新学の名をかたり西教の実を行うものであり、「偽物を厳しく杜絶し、誤りを正さ[5]」なければならない。「湘省学約」は、人びとが新学と旧学の対立を思い起こさないように、省都のすべての「新学書局」を一律に「西学書局」に改名することを規定した。湖南の学政徐仁鋳が「湘省学約」の来歴を尋ねると、王先謙は物凄い剣幕で、かれが提唱者、編集者であり、何が起ころうとすべてかれが責任を負う、と述べた。王先謙は決して「変法」の二字を言わず、ひたすら抽象的に非難する語気で維新派に反対した。かれは、世道の振興は実事をなすことにあり、虚名を図ることにはない、と述べた。日本の維新は製造業を興すことから着手したが、現在、中国では新を求めるのに言論から着手し、言は天下に満ち、務めるところは名にあり、図るところは私にある。結局は、すべてが空振りに終わり、何ら実際はない。かれはまた、地球が大いに通じ、各国の通商往来を阻むことはできない、と言った。中国は工芸製造を研究し、外国製品を排斥すべきである。声光化電および一切の製造鉱学はみな気風を通じさせ、精密さを求める。朝廷が西学を提唱したのは、万難の中で自全の策を求めたのであり、何ら間違いはない。自ら湖南マッチ、機械の各会社の創設に参与し、心から実行すべきだと考え、今に至るまで他説はない。しかし、朝廷の採ろうとしているのは西学であって、人に西教を信じさせようとするものではない。康梁は自ら一教をなし、かれらは平等を言うが、西国は平等ではなく、かれらは民権を言うが、西国人に権力はない。康梁は誤って西教に仮託してその邪説を実行するものであり、中国の巨害である[6]。王先謙がここで言う西学とは西洋の自然科学技術の知識を指し、西教とは西洋資本主義社会の政治制度、イデオロギーを指す。葉徳輝はかつてかれの師長だった徐仁鋳が著した、変法思想を含んだ『輶軒今語』にたいして、文章を書いて一つ一つ反論し、徐を「康門の士」と謗った。かれは「小生はもとより変法を言わず、ただ弊害を取り除くと言うだけである[7]」と言明している。かれは維新派の変法の宣伝を非難し、中国の事は空談によって誤りに導かれないものはなく、講学して民智を開き、民権を伸ばすことに名を託しても、実際には時政を混乱させ、国中を不安に陥れる[8]と言った。康有為を厳しく糾弾した御史文悌は、かれは若いころ西学に留意し、決して洋務を語らない人間ではないと言っている。中国が西学を研究する貴さは、人びとに西学を理解させ、中国のために用いることにあり、中国の一切の典章制度を悉く廃棄し、知らず知らずのうちに西洋人に変えてしまうためではない。古文派およびかれらと政治的な観点が同じ人は、一部の具体的な問題での言い方は違っても、かれらの共通点は維新派が変法を要求することに反対し、洋務を興すことで変法にとって変え、これ（変法）を阻止することだった。

民権について、今文派の中では梁啓超がもっとも明白に述べている。かれは言う。『春秋』の大同の学で民権を講じないものはない。六経の民権を講じた部分を編集して本にすれば、大いに見るべきものがあるにちがいない。一つの国が別の国を奪取、滅亡させようとするなら、必ずまず民心の従順を得る。凡そ民権を興すことができるものには、断じて滅亡の理はない。議院制度は西洋で始まったが、中国の五経の諸子に、実際にはこれと同じような記述をみつけることができる。中国は君主が支配した時間が長すぎ、君権が重すぎ、民権が日に衰えており、敢えて明白に述べる人はいなかった。アメリカの大統領が法を犯せば、議会は法律にもとづいて大統領を交替させることができる。イギリスは立憲君主国だが、議会は君主を廃したことがある。中国古代の舜は君主だったが、実際には民が公けに選んだものであり、堯が勝手に授けることのできたものではない。臣下と君主はともに民事を処理したのであり、かれらには個人的な従属関係はなかった。康有為は変法を推進する過程で、民権を正面から提唱する言論を発表せず、民権という言葉の使用を意図的に回避したようである。しかし、かれは変法改制を要求し、議院設立、立憲君主の実行を主張した、つまり、君には君権があり、民には民権があると主張した以上、変法の反対者が康梁は民権を提唱したと非難する根拠は動かし難かったわけである。

古文派およびそれと同じ政治的観点をもつ人は反論して言う。天下を治める者は大権を他人に渡してはならず、まして大権を民に移すことはできない。借問するが、権を下に譲れば、国は誰が治めるのか。民が自ら主となれるなら、君主は他に何をするのか。民権の主張は天下大乱を煽動しようとするものである。民主の説は経になく、伝にもない。従来、皇帝権力によって独占されてきた天下を泰西民主の国に変えようとする者は漢奸の最たるものである。張之洞は『勧学篇』で「明綱」という一篇を設け、大いに民権の害を説いた。かれは、三綱は「五倫の要、百行のもとである。数千年伝わっているが、決して異説はない。聖人の聖人たる所以、中国の中国たる所以は、実はここにある。故に、君臣の綱を知れば、民権の説を行うことはできない[9]」と言っている。また、民権の説は百害あって一利なしだと述べている。中国は今、強力ではないが、人びとが自らその業に安んずることができるのは、朝廷の法紀があって維持されているからである。民権の説がひとたび流行すれば、愚民は必ず喜び、乱民は必ずうごめき、勢い大乱が四方から起こる。外洋各国は必ず居留民の保護を口実に軍艦、陸軍が深く入って占拠し、全局、手を拱くのみで他人に支配される。だから、民権の説は国外の敵がもっとも聞きたがっているものである。外洋で民権というのは、国家に議院があり、民間が公論を発することができることを指すのみである。議院があれば民が大権をつかむと考えるのは誤解である。結局、民権は中国では決して行うべきではないのである。『勧学篇』に『正権』という一篇もあるが、維新派が「民権の義を提唱し、群を合わせて自ら振るい立つことを求める」ことを「乱を招く言」[10]であるとして非難し、維新派の立憲君主政治実行の要求にあくまで反対した。王仁俊は『民主駁議』を著し、かれはとくに孔子の素王、公羊学者、太平の世という言葉を引いて民権の主張に反駁した。かれは、中国のすべては、孔子の「経制の学」によって判断すべきであると述べた。君は臣の綱であるとの原則にもとづき、「民主は設けるべきではなく、民権は重んずるべきではなく、議院は活動させるべきではない」。民主は中国の学説ではなく、泰西の学説である。民主が西洋で実行された結果、ローマでは頑迷な集団や秘密会が横行し、フランスでは民党が君主を裏切り、南アメリカでは民衆が権力を争って大乱が起きた。中国でもし民主を行えば、十年を要さずに、二十三の行省は盗賊の巣窟に変わるだろう。数年前、ホノルルで興中会を結成したばかりで、国内の一般の人びとにまったく知られていなかった「秘密結社の匪党孫文」――孫中山の活動も民主に反対する根拠として使用された。王俊仁は孫文の蜂起、民主のスローガンの提示、失敗後の海外逃亡、かれを逮捕し裁判にかけ処罰するすべがないことなどを繰り返し論じている。[11]『民主駁議』の全文の中心は民主の非を論じることで、孫文の事蹟をすべてごちゃ混ぜにして議論し、孫文は民主を講じており、孫は乱臣賊子であると人びとに知らせようとしたのである。

平等について、今文学派は、平等は人間の自然な属性だと言う。孔子は「性相近し、習相遠し」と言っている。性相近しとは、人間の自然の性質は平等だということを指す。最初は小人も、大人もなかった。問題は学ぶか学ばないかにあった。

古文学派は反論して言う。平等の説は仏経に源を発する。キリスト教の『旧約聖書』が広まり、万物平等の意味へと押し広げられた。康有為、梁啓超は民権、平等によって教を立てたが、それは孔学を放棄し、人に異教を信じるよう仕向けるものだった。人と人が平等で、権と権が平等であれば、尊卑親疎がなくなる。尊卑がなくなれば、君はなくなり、親疎がなくなれば、父はなく、まして孝悌は論ずるまでもない。不平等ならまだしも、いったん平等になるや一切が正義に逆行し、人倫は絶滅する。

変法、民権、平等のいくつかの問題の論争は、一見分散しており、系統的な論述を構成していない。しかし、思想の実質において、それらは明らかに二つの異なる体系、二種類のイデオロギーに属していた。今文学と維新派が反映していたのはブルジョア階級のイデオロギーの中の一部のものだが、初歩的で、不完全である。古文派と頑固派が堅持していたのは伝統的な封建主義思想体系にいくらか洋務派の観点を加えたものである。人びとの論争が以前と同じように、古文が劉歆の偽造によるものかどうかといった経学そのものの若干の具体的な問題にとどまっているうちは、同一の思想体系の内部からそれらの分岐を扱うしかない。論争が変法、民権、平等といった問題を巻き込むと、かれらが異なる体系と関係をもつということがはっきりと表れた。だから、双方の論争はたちまち特別に深い社会的性質を帯びた。それは事実上、異なる社会階級勢力、異なる利益の人びとの現実の政治闘争の一部分である。双方が変法、民権、平等と孔学における分岐上、妥協できなかったのは、かれらが政治的立場、実際的利益において妥協できなかったことから来ていた。

今文派、古文派および双方の支持者が述べた言葉は、この闘争の激しさを十分に反映している。樊錐は『開誠篇』で言う。「民がおろそかにされて久しく、ふたたび日の目を見ない闇のような状況はあまりにひどい。支配者はこれによって（民を）愚かにし、民はこれを受け入れる。二千年来、体も心も……束縛され、閉ざされてきた。牛馬のように、苟苔《こけ》のように」。「今、上は百官、下は群醜に至るまで、そのような輩をことごとく捕まえ、これを一室に集め、これを幽閉し、ふたたび日月を見せないようにして、天地を与えないのがよい」[12]。王先謙のある学生は上書して言った。康有為、梁啓超はもっぱら民権、平等、無父無君の説を立教の主旨としており、その罪状を論ずれば、反逆と同じである。その風を受ける者を、樊錐、易鼐、唐才常はほしいままで憚る所なく、明らかに倫常に悖るとし、狂気じみた様はこれより甚だしいものはない[13]と、批判した。葉徳輝は、康梁の書は、外は大同の説を借り、内は名教の防御を潰す、と言った。「海内の不学の士はそれによって固陋を繕い隠すことができ、不軌の徒はそれによって党会をつくることができる。初めは変法を提唱して政を乱し、継いでひそかに変法に乗じて教を行う。粤の人黄遵憲はこれを主とし、湘の人譚嗣同はこれに和し、……

次々に『康学』が主張された。……素王の名号を借り、張角の密謀を行う。……私は最後にその滅亡を見るのみである」[14]。「康学」に断固反対し、今文に反対した梁鼎芬は、かれの政治と学術の主旨は「大清国、孔子教」の六文字である、と宣言した。かれは王先謙に手紙を書いて言った。「邪教を崇拝する康有為、梁啓超は機会に乗じて乱を煽動し、変教を唱えている。時あたかも陰険、狡猾、凶暴な黄遵憲、軽率、虚妄、邪悪な徐仁鋳が一方に集まり、悪党同士が助け合っている。名は講学だが、実は会匪と同じである。……悲しいことに廉恥は日に失われ、大局は揺れ動いている。群賊は何憚ることなく暴れまわっている。わが党君子は心を寄せ合い、悲惨な境遇の中で、その初心を変えていない。張、黄、葉（原注—湖南紳士張祖同、黄自元、葉徳輝を指す）諸公に告げてほしい。力を入れ心を合わせてこの賊を滅ぼしたいと。……天地の神は、この志をご覧になっているはずである」[15]。これらの文言から、今文派と古文派の闘争は、それぞれの言論に強い党派性があっただけではなく、かれらの行動も実際には党派を結成するものだったことが見て取れる。両者は互いにきわめて大きな政治的憎しみを抱いていた。闘争に巻き込まれた今文派と古文派の言論に明らかに反映していたのは、維新派と頑固派の闘争の全局におけるもっとも先鋭的な問題だった。だから、かれらの言論は思想理論領域からこの闘争の全局と実質を人びとの前に提示したのである。今文派は維新派に概括することはできないけれども、その多くの人物は維新派とおなじ陣営に属していたし、古文派は頑固派と等しくはないけれども、その多くの人物は頑固派とおなじ陣営に属していた。今文、古文の両派はそれぞれの陣営の理論家であり、代弁者であり、宣伝者だったのである。学術観点と政治的立場、イデオロギーと階級関係は、ここでは密接に結びついていたのである。

経学のように古い思想観念が、政治制度を変える変法、民権、平等の要求を生み出したのはなぜか。それは中国の社会歴史の基本的矛盾、険悪な現実生活が強烈な摩擦、衝突によって飛び散った火花である。今文、古文両派の論争で、現実の問題の見方に及んだときは、この問題にたいして非常にはっきりとした言い方をしている。両派は論争のいたるところで相手を攻撃したが、双方とも外国の侵入、民族危機の空前の深刻さを同じように強調した。清仏戦争、とりわけ日清戦争の下関条約（馬関条約）以後、中国の危機的な情勢はしばしばかれらの論争の文字に現れている。ただ、それぞれの結論が違うだけである。当面する現実にいかに対処するか、古文派は守旧あるいは洋務派の道に沿って進むことを主張し、今文派は開新を主張し、変法、救亡を要求した。樊錐は『開誠篇』で載湉（光緒帝）の詔書を試作して言う。「今、事はすでにここに至り、きわめて危険が迫り、目前のことについても、手のほどこしようがない。領土を分割され、少しずつ他人に取られ、休む暇もなく、歩く道もないよりは、腐らないうちにこれを天下の公とするほうがよい。朕はそれでもよい。宗廟に質してもよい。支那の父老もあるいは自分を許してくれるかもしれない」。また、「四海は一心、心を一にする者、一人一人に自主の権があり、一人一人救亡を是とする。窮が極まれば変化が生じ、憂いが極まれば智が生じる[16]」と言っている。八、九十年代、西洋の民権、平等の観念は一部の西洋書を読む知識人の頭脳にすでに入っていた。民族が危機存亡に瀕し、「憂いが極まれば智を生じ」、かれらは今や智慧を生かして、この新学説を使用しようとしていた。経学という古い思想観念が資本主義イデオロギーの民権、平等と結合した理由は、このような民族の危急存亡という深刻な環境のためである。人びとは民族の危急存亡を救う闘争において、古い観念を改めると同時に、新しい観念を吸収し、生み出していた。特殊な歴史条件が古と今を期せずして近づけたのである。民権、平等は中国早期の漠然とした啓蒙思想を反映していた。救亡は早期の啓蒙思想を招き、啓蒙も救亡運動を推進した。後の歴史がここで予行演習された。

今文学派と古文学派の闘争は、書物から政治問題に至るまで関連づけられ、ますます激しくなったが、康有為の影響は終始その中に貫かれており、きわめて突出していた。その原因を追究すると、康有為の経学はすでに孔子学説とははるかに隔たっており、西洋ブルジョア階級の観点を加えて大胆に改造した、孔子の看板を掲げた学説だったことによるのである。新しい酒は古い瓶を用いてしつらえ、流行の品は古い看板を掛けて売り出さなければならない、これは時代の特徴を強烈に表現していた。

『新学偽経考』、『孔子改制考』は康有為の変法の主要な理論的著作であり、かれが孔子学説を改造した主要な著作である。『春秋董氏学』、『礼運考』、『中庸注』、『論語注』[17]等も、一つ一つそのような改造の必要のために奉仕するか、同様の観点を述べるものであった。康有為が西洋ブルジョア階級の学者のどのような哲学、論理、社会、歴史、経済学の本を読んだことがあるのか、確定は難しいが、その中の一部の本、たとえば厳復が訳したハクスレーの『天演論』、スペンサーの『群学肆言』はかれに重視されていたにちがいない。『天演論』が出版される何年も前に、かれは梁啓超を通じて訳稿の内容を知ったといわれている。『論語注』に次のように言う。「人類の進化にはすべて定位があり、族制から部落となり、部落から国家となり、国家から大統が成る。独人から漸く酋長を立て、酋長から漸く君臣に至り、君臣から漸く立憲となり、立憲から漸く共和となる。拠乱から升平へと進むのである。升平は太平へと進み、進化には段階があり、沿革には理由がある。これを万国で検証すれば、傾向を同じくしないものはない[18]」。この考えは『群学肆言』から出ている。これら西洋の進化論と社会学を論じた書物には、唯物論と形而上学が混ざり合っており、あるものは唯物論と観念論が半ばしているということができる。康有為はそれらの中から養分を吸収して経学を講じ、議論を発したが、主要な観点において孔子の学説と直接対立していた。そのような観点は二つあり、きわめて注目される。

まず最初の点は、歴史の発展にかんする観点である。孔子は夏殷周三代の歴史を述べてこう言っていた。それらには損益しかなく、発展はなく、今後もそうであろう、「百世知るべし」である。つまり中国は永遠に封建主義の軌道上をゆっくりと爬行するのみなのである。康有為は『春秋』の三世説を解釈し、この問題において一つの飛躍を実現させた。第一は、『春秋』の講じる所見、所聞、所伝聞三世についてであるが、所見世で太平世に到ると考えていた。そのように見れば歴史は後になるともはや進歩しなくなってしまう。康有為は洪秀全の発明をもとに、上述の三世を逆にした。かくして、所見世は拠乱、その後、小康、升平へと到り、最後がようやく太平、大同となる。これにより、もともとの三世説の歴史進化の問題で矛盾していた観点を歴史進化の観点に変えたのである。第二は、『礼運』の大同説と通じさせ、融合させて三世を論じ、人びとにあこがれを抱かせる社会歴史の発展の青写真を描いたことである。康有為は言う。三世説の「乱世では文教は未開である。升平では漸く文教が生まれ、小康である。太平は大同の世で、（国の）遠近大小にかかわらず同一で、文教はすべて備わっている」[19]。社会の歴史は拠乱、升平、太平の順序に従って進み、野蛮から文明へと発展し、低級から高級へと発展する。かれは言う。「孔子は拠乱世に生まれ、やむをえず小康の法を行ったが、精神を注ぐところは常に大同にあった」[20]。また、「孔子は拠乱世に生まれたが、志は常に太平にあり、必ず進化して大同に到る、というのがもともとの志にかなっていた」[21]と言っている。つまり、もっとも高級でもっとも文明的な社会は大同の世であり、孔子が抱いた理想社会である。しかも、孔子の学説に照らすと、現段階では立憲制度を実現すべきである。かくして、封建主義を擁護し、歴史は静止しているとの観点を抱いていた孔子が、掌を返す間に資本主義と未来のもっとも高級でもっとも文明的な社会の追求者の装いを施されることとなった。これは大きな変化である。

次の点は、変易、変化が客観的世界の普遍的法則であるとの観点である。『論語』には「天道」の観念があるが、変、不変を論じていない。また、「斉はひとたび変じて魯に至り、魯はひとたび変じて道に至る」という言葉も、斉、魯のある種の事柄は変りうることを認めているのみで、道も変えることができるとは考えていなかった。儒学の伝統は一貫して「天は変らず、道また変らず」を堅持し、これこそ孔子の思想に符合すると考えていた。近代の経学者、たとえば、魏源は変易を主張したが、一方で「真常不変の道」[22]があると考えており、変は「勢い」にしか適応できず、「道」には適応できないと考えていた。結局のところ、やはり天は変らず、道もまた変らないのである。康有為は逆に、世界の一切はすべて変化し、天道も変化すると考えた。かれは言う。「変るのは天道である。天は、昼があって夜がないとか、寒さがあって暑さがない、ということはなく、天はよく変ることによって久しく、火山は金をも溶かし、滄海は田となり、歴陽は湖となった。地はよく変ってこそ久しく、人は童幼より壮老になり、形体、顔色、精神、一つとして変らないものはなく、一刻として変らないことはない[23]」。「物は、新ならば壮、旧ならば老、新ならば鮮、旧ならば腐、新ならば活、旧ならば鈍、新ならば通じ、旧ならば滞る、というのが物の理である[24]」。かれは、『易伝』などの古籍で提起されているが、重点的に論述されていない重要な思想を強調した。それは、事物の変化、新旧交替が事物に内在する矛盾、対立運動によって引き起こされると考えるのである。かれは言う。「もし一つの物についていうなら、一には必ず二がある（一つの物に対して必ず対立する物がある）。……物には必ず対立するものがあることがわかる。陰陽で天下の物の理を総括すれば、その例外はいまだないのである[25]」。「太極両儀の理とは、物は一に定まらないものはなく、統一した後に物となり、対して二とならないものはなく、対が争って後に進むことができる、(26)というものである」。この、物が「対して二とならないものはなく」という言葉は宋代の唯物論哲学者張載のいう「万物に対立があり、対立すればその行為に対して反対する行為がある。反対があれば矛盾が生まれ、矛盾は必ず和して解ける」と関連がある。康有為が「矛盾は必ず和して解ける」を「対が争って後に進むことができる」に改めたのは、弁証法にたいするよりよき解釈であったかに見える。この言い方を応用して社会歴史を観察すれば、封建社会制度、封建的綱常倫理は一つとして矛盾対立の運動の中にないものはなく、したがって、それらの改変、消失は不可避である、という結論を得られる。これは孔子学説が強力に擁護してきた封建的支配制度と秩序をすべて覆した。康有為はどの場所においても、自分が描いた社会歴史の発展の青写真と、矛盾、変化が事物の変化の普遍的な法則である、ということを関連づけて論じていない。これはかれが西洋から理解した進化論と哲学が主として通俗的進化論と形而上学哲学であり、それらにおいては、社会歴史の発展と客観世界の矛盾運動の法則はもともと引き裂かれており、相互に関連しておらず、しかも、そのような関連を容認できないものだったからなのである。しかし、康有為はそれらを使って経学を講じ、議論を発し、孔子と孔学を改造する効果を収めた。孔子は封建主義の至聖先師から近代半資本主義の大政治家、改革の開祖となった。孔子学説は様相が一新し、封建社会思想理論の準則から、西洋思想と相通じ、ブルジョア階級改良主義の政治運動に適合する指南書に変ったのである。

今や、孔子学説が歴史上、何回かの大改造を経ていることを見て取れる。董仲舒が原始孔学を改造して前漢の神学的幻惑性を帯びた今文経学を形成し、程顥、程頤、朱熹は宋以前の孔学を改造し、仏学を浸入させ、もっぱら性理を講じる程朱道学を形成した。しかし、このような改造はいずれも封建イデオロギーの旧説であった。康有為が孔学を再度改造した今文学は、ブルジョア階級のイデオロギーの一部の内容を封建イデオロギーの枠にあてはめて新しい学説を形成したものである。封建理論にブルジョア階級の観点を加えたものが康有為の今文経学の実質である。この学説は当然古文学派の断固とした排斥を受けた。古文学を擁護するある官員が載湉（光緒帝）に上書して、孔子が少正卯を殺したのと同じように康有為を殺してほしいと願い出たのも不思議ではない。康有為は思想家として気風は非凡だったが、かれの学説はもはや董仲舒、二程朱熹の学説のように長期にわたって人びとに信用される幸運はなかった。それは歴史の舞台に登場した途端に時代遅れが宣告されたのである。近代の中国では新しい闘争が次々と起こり、古代封建制度のような長期的に変らない幸運の存在はすでに許されなかったのである。つまり、中国が民族独立をかちとり、近代化の実現を要求するという二つの大きな基本的問題は、現有の幼弱で大きな封建性を帯びたブルジョア階級の政治代表者の活動に依拠して、上から下へある種の政治措置を改良すれば功を奏することができるものではなくなっていたのである。それは新しい社会の力に依拠し、新しい計画を選択して闘争を進める必要があった。

（四）余波

戊戌変法が失敗し、今文、古文両派の闘争の情勢が急変した。変法活動に参与したり「康学」を講じた人はこのとき迫害を受け、再びもとの宣伝言論に従事できなくなった。現実の政治闘争ももはや経学をかれらが世論を作る手段とはさせなかった。古文派や頑固派は反動クーデターの後に政治上の利益を得ていたので、気勢が上がっていた。かれらは『翼教叢編』を刊行し、『湘学報』などの刊行物に論著を発表し、引き続き今文派に打撃を加えていた。学術思想界には一連の反動的逆流が形成された。

一貫して今文学を講じておりながら変法活動とはまったくかかりあいをもたなかった廖平もこのときは古文派の攻撃と非難を受けた。廖平は自分でも康有為が経学を講じるのと「主旨が偶然同じで、心の咎となった」[27]と感じていた。かれはそこで『知聖篇読法』を書いて、一方で極力康有為との一線を画し、一方で公羊学、孔子改制、素王説などの問題で古文派の非難に答えた。かれは当初『知聖篇』を著し、孔子改制を講じたが、初めは版木に彫らなかったことを明らかにした。康有為はその考えをもとに書を著し説を立て、災いをつくりだしたので、今やふたたび説明を加えなければならず、「自分のために弁明するのだが、それ以上に謬説を打ち消すためである」としている。かれは、「素王の説は素封と同じ」（原注―「素」はここでは空のことで、素王は空王）で、孔子は六経をつくり、百世の師法となり、後の人は真似できず、その理は明らかである、と考えた。康有為ら「法を乱す者」は旧説を借りて変法を推し進め、孔子は改制して教を立て、人はみな改制でき、更に言論から行動に変えることができると考えた。これはかれらの曲解であって、孔子の本義に誤りがあったわけではない。しかし、今攻撃する人は考察を加えず、「素王の二字を反逆を指すものとした」が、それは間違っている。かれはまた、康有為らが「これを『公羊』に託して変法の主旨とし、天下の人びとがこぞって『公羊』を攻撃し、まるで『公羊』がこの尋常ならざる不思議な論を立てて人に反逆を教える専門の書であるかの如くみなした。遂にはおよそ『公羊』を治める者はみな品行方正な人ではない」と考えたのである。これはあまりに悲しむべきことである。この説によれば、人びとは公羊学の開祖董仲舒をどのように評価すべきかがわからなくなる。前漢の時代に公羊学が流行し、議礼（礼の議論）、断罪の拠り所となった。公羊学を講じて仕官した者は国中に散らばっていた。かれらは君を尊び上を親しみ、乱を治め奸を除き、いたることころ『公羊』の利益を得ていた。当時『公羊』が毒害を放たなかったのに、今になって突然毒害を大きく放ったのである。公羊学を講じていた人はみな愚かで物が見えず、『公羊』が含んでいた毒性を理解できなかったのだろうか。公羊学を治めたがために悪の元凶となった人も事も歴史上ない。王莽、劉歆は漢の政権を略奪し、『周礼』、『左氏伝』をかれらが表彰したことがあるが、われわれは王莽、劉歆を非難するからといって『周礼』、『左氏伝』という二つの書を、ましてや『公羊』を廃棄することがあるだろうか。「『翼教叢編』は『公羊』を攻撃し、そのために『孟子』をとがめた。それなら、それによって孔子を攻撃しないことはほとんどありえないことだった」[28]。

康有為および今文学の仲間たちが発言権を奪われた情況のもとで、廖平が古文派の追撃にたいして回答を与えたのは、正しかった。そうしなければ、古文学の独壇場になる以外になかった。その意味で廖平の回答は、この闘争の余波といってよい。しかし、余波でしかなかった。

廖平がかれの講じた経学が康有為と「主旨が偶然同じだった」というのは、かれらがともに公羊学を治め、孔子改制など公羊学の主要な観点を宣伝したことを指す。その他は何ら同じではなかった。孔子改制を講じるにしても、言い方は違っていた。廖平は言う。「旧著『知聖篇』はもっぱら改制の事を明らかにしたが、これを大いに疑う者がいる。しかし、微言という以上、心でその意を理解したことを取ればよく、大声で叫びたて、耳目を驚かす必要はない」。このような「心でその意を理解したこと」に限るという記述について、かれは一八九八年に修正している。これ以後、経に即して経を語り、厳密に文言に即して「もっぱら経の言を述べ、孔意を詳らかにしない[29]」こととなった。つまり、書物にあることを述べるだけで、その他はすべて論及しないのである。康有為、梁啓超のように、孔子改制をもとに変法を宣伝し、直接、間接に民権、平等観念を提起することは、廖平の考えもしないことだった。康、廖は今文経学を講じ、ともに民族危機が深刻で、世を挙げて救亡図存を要求する時代環境に置かれていたが、かれらが論ずることは同じでも、論じる理由は大いに違っていた。これは個人的な要因の他に、経学のもつ、封建制度に根ざしたイデオロギー固有の欠陥をも暴露していた。

それは客観的な根拠をまったくもたず、是非は個人個人によって解説するものだったということである。これはすべての古い社会歴史学説が共有する克服できない固有の欠陥である。

廖平の今文経学は維新運動の期間、終始傍流だった。このときの今文経学運動の性質、地位はかれの研究と影響によって決まったものではなかった。廖平は『知聖篇』などの論著で、孔子の一生の功績は後世のために法を立てたことにあり、このように理解しなければ、孔子は選集が多く、門徒が多く、何も功績のない、平凡な儒教の伝授者にすぎなかった、と再三強調した。廖平のこの言葉はかれ自身の地位を説明するのに適していた。康有為は今文経学を講ずるのに廖平の影響を受けていたが、康有為は一代の思想家、改革実践家であり、廖平は平凡な儒教伝授者だった。一八九八年以後、かれの経学の主張は何度も変ったが、変れば変るほど体裁をなさなくなった。銭玄同は批評して、廖氏の書はあちこちから寄せ集め、憶測をもとに当て推量し、倫をふまえず雑多なものを集めたうわごとのようなもので、混乱した思想の代表である[30]、と言っている。銭は今文学に賛同したが、かれの同門を弁護しなかった。

梁啓超、章炳麟以降の評論者はいずれも康有為の今文経学が廖平を源流としていたことを肯定したが、康有為が廖平からいったい何を受け入れたのかを一歩踏み込んで明らかにすることに欠けていた。梁啓超は康の今文学が廖平の手から移るや純正になったと言っている。純正になった、とは、廖平のように乱雑で取り留めないものではなくなったということで、他の意味を見出せない。章炳麟は、廖平の学問には根本があり、康有為のように他人のものを剽窃しなかったので、康は廖平と同等に論じられない、と言った。これは章炳麟の偏見を表現したのみで、学術上の公論とするには不十分である。周予同は、廖平の人となりは学に務めるが臆病で、たびたび論点を変え、矛盾を起こしている、と述べている。近著の『孔経哲学発微』は荒唐無稽な牽強付会の傑作で、何を言っているのかわからない。康有為は廖の旧説を踏襲して清代今文学の集大成者となったが[31]、ここでも「旧説」の内容をはっきりと説明していないというのである。范文瀾は、廖平は今文経学大師ということができ、かれが今文学を講じたのは康有為よりも早く、康有為の『偽経考』、『改制考』は廖平の『知聖篇』、『闢劉篇』を推し広げたものである[32]、と言っている。この記述は正確である。もし更に説明して、『知聖篇』の要点は孔子の託古改制を講ずることだったと言えば、より具体的になる。廖平の今文経学が提供した新たなものは、かれが孔子の託古改制にかんする董仲舒、何休の宣伝を再度蘇らせ、しかもそれに劉歆が古文を偽造したとする説、さらに孔子が六経をつくったとする説を加えて、同時に提起したことである。託古改制、古文偽造は、一つが上篇、一つが下篇である。上篇がなければ、下篇は存在の前提がなくなり、改制の要求は提起しようがなくなる。下篇がなければ、上篇は現実の目的がなくなる。劉逢禄、魏源らは、古文学を偽と講じたが、現実の目的がなかったので、かれらの今文学はまとまりを欠いており、故紙の山の中で文書をかき混ぜるようなものだった。廖平は最初にこの二つを一つに関連づけ、龔、魏から康有為に至る中間部分を構成した。これが廖平の近代今文学における位置である。

康有為の今文学は、廖平が二つを一つに合わせたことを受け、十分に推し進め、発展させた。康有為はこれによって清代今文学思想体系の集大成者となったのである。今文学の要点は実践にあった。「託古改制」の文字は今文学の神髄を体現している。章炳麟は、康は廖と同等に論じられない、と言ったが、実際にはこれをひっくり返すべきである。廖は根本的に康と同等に論じることはできないのである。廖は改制を論じたが、現実の闘争とあくまで一線を画そうとした。康が改制を論じたのは、維新運動の世論作りのためだった。一人は兵法を論じるのみで戦いをせず、一人は兵法を論じ、将兵を率いて武装し、出陣した。だから、廖と康の学術の区別は、机上で空論する者と真の軍事家の区別のようなものである。

この闘争を全般的に眺めると、その特徴は次のようになる。

第一は、維新運動の起伏と終始同じだった。

第二は、今文学が挑戦し、古文学が反攻した。

第三は、今文学は、封建的な装いに包まれた、ブルジョア階級のイデオロギーの成分、および封建主義と闘争する色彩を帯びていた。

第四は、今文学は社会前進運動の要求と傾向を反映しており、今文学の言論は変法の宣伝の一部分だった。

注

（1）王仁俊『実学平議』、『翼教叢編』三巻、二五ページ。

（2）康有為『上清帝第一書』、『康有為全集』一集、三六〇ページ、上海古籍出版社、一九八七年。

（3）康有為『上清帝第二書』、『康有為全集』二集、八五、一〇〇ページ、上海古籍出版社、一九九〇年。

（4）張之洞『勧学篇・変法第七』、『張文襄公全集』二〇三巻、一九、二二ページ。

（5）『湘省学約』、『翼教叢編』五巻、一五ページ。

（6）『王祭酒与呉生学競書』、『翼教叢編』六巻九ページ。

（7）『葉吏部答友人書』、『翼教叢編』六巻、三〇ページ。

（8）『葉吏部与南学会皮鹿門孝廉書』、『翼教叢編』六巻、二二～二三ページ。

（9）張之洞『勧学篇・明綱第三』、『張文襄公全集』、二〇二巻、一三ページ。

（10）張之洞『勧学篇・正権第六』、『張文襄公全集』、二〇二巻、二三～二六ページ。

（11）王仁俊『実学平議・民主駁議』、『翼教叢編』三巻、一六～二〇ページ。

（12）樊錐『開誠篇』、三、『樊錐集』九～一〇ページ、中華書局、一九八四年。

（13）『王猷焌上王院長書』、『翼教叢編』六巻、三ページ。

（14）葉徳輝『長興学記駁議』、『翼教叢編』四巻、三五ページ。

（15）『梁節庵太史与王祭酒書』、『翼教叢編』六巻、二ページ。

(16) 樊錐『開誠篇』、『樊錐集』、一一ページ。

(17) 康有為の記載によれば、『中庸注』、『論語注』は広州での講学期に執筆した。戊戌変法失敗後、書稿は散逸。一九〇一年、檳榔嶼（ペナン）で『中庸注』を再編修、一九〇二年哲孟雄大吉嶺（シッキム・ダージリン）で『論語注』を再編修。両書序参照。

(18) 康有為『論語注』二巻、『万木草堂叢書』二巻。

(19) 康有為『春秋董氏学』、『康有為全集』二集、六七一ページ、上海古籍出版社、一九九〇年。

(20) 康有為『論語注』二巻、『万木草堂叢書』二巻、三ページ。

(21) 康有為『礼運注』、『演孔叢書本』、二ページ。

(22) 魏源『老子注』第一章。

(23) 康有為『進呈俄羅斯彼得大帝変政記・序』、『戊戌変法』三冊、一ページ。

(24) 康有為『応詔統籌全局疏』、同上書、一九八ページ。

(25) 康有為『春秋董氏学』六巻、上、『康有為全集』二集、七九九ページ、上海古籍出版社、一九九〇年。

(26) 康有為『論語注』、『万木草堂叢書』三巻、四ページ。

(27) 廖師政、廖師慎『家学樹坊』、六ページ。

(28) 廖師政、廖師慎『家学樹坊』、三～六ページ。

(29) 廖平『古学考』、一ページ。

（30）銭玄同『重論経今古文学問題』、附康有為『新学偽経考』、三八三ページ、中華書局、一九五九年。
（31）朱維錚『周予同経学史論著選集』、二二一ページ、上海人民出版社、一九八三年。
（32）范文瀾『経学講演録』、『范文瀾歴史論文選集』、二九六ページ。

二、第二の闘争、古文学派の挑戦、今文学派の政治論争からの退却

第一の戦いが終結するやいなや次の戦いが始められた。今度は古文学派が攻勢に出て、今文学派が守勢に回った。この時の古文学派は、以前現れたような政治的立場が保守的あるいは反動的な人びととはまったく違って、政治的観点が急進的であるかあるいは一時急進を志向した人びとであった。かれらの行動は歴史の進歩の新たな一段階と関連していた。

(一) 学者およびその著作

章炳麟(一八六八～一九三六)字は枚叔、号太炎、浙江省余杭の人。章炳麟はかつて江蘇省・浙江省の反清団体光復会に推挙され指導者の一人となった。孫文は、それまでの興中会と黄興を首班とする華興会および光復会を糾合して革命同盟会を結成し、中国のブルジョア民主革命を進展させた。このため一部の歴史論文や著作では、孫文、黄興、章炳麟を並列している。章炳麟の政治的思想、主張の最高峰は一九〇三年にある。章炳麟は『革命軍序』『康有為を反駁して革命を論ずる書簡』を発表し、清朝反対、改良派批判の旗を掲げ、思想界に活力をもたらした。かれは学者兼革命家として同盟会の機関紙『民報』の主筆となり、大きな影響を与えていた。しかし、その後孫文に反対し、さらに事実

上革命運動から退いてしまった。辛亥革命後は統一党を組織し、孫文、黄興と対立した。章炳麟の熱情は政治の渦に巻き込まれ、その主張は動揺つねならずであった。晩年は著述と教育に力を注いだが、「満州事変」後には南京政府に抗日を要求し、これを訴えて奔走した。生涯の著述は上海人民出版社『章太炎全集』で見ることができる。

劉師培（一八八四～一九二〇）字は申叔、号左庵、一時期光漢と改名、江蘇省儀徴の人。東京において反満を説くとともに、狂熱的にアナーキズムを鼓吹した。劉師培と章炳麟は反満を宣伝し古文経学を講ずるという共通の観点を持ち、互いを同志と見ていた。一九〇八年、劉師培はひそかに両江総督端方のもとに自首し、また端方が資金を出して章炳麟を仏教研究のためにインドに滞在させることを提案した。このことをめぐって劉師培と章炳麟の間で書簡のやり取りがあった。その後章炳麟とは仲違いし、東京の同盟会本部に章炳麟が清朝側に買収されたと報告した。辛亥革命後は籌安会に加入し、袁世凱の帝政実施を手助けした。その後北京大学教授となり、文字学、訓詁学、古文経学を講じた。劉師培の著作は後の人によって『劉申叔先生遺書』に編まれた。

黄侃（一八八六～一九三五）字は季剛、湖北省蘄春の人。東京で章炳麟に師事し、音韻学、訓詁学、古文経学の研究を行った。北京大学、東南大学などの学校の教授を歴任した。著作の中で古文経学を論じたものには、『春秋疑義』等がある。

章炳麟、劉師培が直接関係した『国粋学報』の編集者、執筆者である鄧実や詩人の黄節も古文経学を研究したり、古文経学に同調したりした。

（二）　経学研究における思想、主張

章炳麟は、経学を研究するにあたって劉逢禄の「『左氏』伝経は劉歆の偽造」という見解には反対していたが、最初は今文と古文を厳密に区別していなかった。二八歳の時はじめて今文、古文についての先師の説とは別れ、もっぱら古文に意を用いるようになった。そして、劉歆に私淑する弟子と称する印を自ら刻んだ。康有為が強学会を設立した時、章炳麟はこれに賛同し資金を出して支援した。梁啓超、夏曾佑が上海で『時務報』を創刊すると、章炳麟は師の兪樾の意向に背いて詁経精舎を出て、これに加わり執筆した。しかし経学上の問題ですぐに康有為と不仲になった。章炳麟は恵棟、戴震を「真の我が師表」として尊敬し、「長素（康有為）の輩とは道を違えた」。途中一時期今文経学の、周を軽んじ魯を王とする、改制革命などの見解に賛成すると表明したが、ほどなくこれを放棄した。晩年になって章炳麟は自身の経学研究を評してこう述べた。「『春秋左伝読』は若年の作でその時は漢の学問の古い見解にとどまっており、劉、賈、許、穎〔原注—劉歆（子駿）、賈逵（景伯）、許淑（恵卿）、潁容（子厳）を指す〕の古い見方を堅守し、杜預に異を唱えたが、晩年になってその非を知った。近作の『春秋左氏疑義答問』ではただ経伝の疑わしいところに言及しているだけで、その他はこれをことごとく捨てた。前漢の賈太傅、太史公の述べた『左伝』の旧説にはたまたますこしふれただけであ

る。『劉子政左氏説』はこれより先に刊行されたもので、『公羊』にもふれており、内心忸怩たるものがある。」また「かつて余の壮年の時には『公羊』の説が盛んで、余は起ってこれに抗った。しかし取るに足りない言で、大義とはかかわりなかった[1]」。ここに言う所の、取るに足りない言で「大義とはかかわりなかった」というのは晩年に心境が変化した後の言葉である。

章炳麟の著作の中で経学について述べたものや経学に言及したものにはいくつかのタイプがある。第一のタイプは経学についての専門的な著作で、この中には『春秋左伝読』（一八九一年から一八九六年に執筆、一九一三年に石版刷り、一九八二年に章太炎全集に収録）、『今古文辨義』（一八九九年）、『春秋左伝読叙録』（一九〇七年『国粋学報』に発表）『駁箴膏肓評』（原注—生前未発表、姜義華の研究[2]によれば『叙録』とともに一九〇二年に執筆）、『劉子政左氏説』（一九〇九年）、『駁皮錫瑞第三書』（一九一〇年）およびその後の『太史公古文尚書説』、『古文尚書拾遺』、『春秋左氏疑義答問』等がある。第二のタイプは『訄書』、『国故論衡』、『検論』の中の経学にかんする記述である。『訄書』は一八九九年に最初に刊行され、経史、政論を一書に集めたものである。経学について論じたものは主要な内容を占めてはいないが、しかし『尊荀』に始まり『独聖』で終わり、経学の帽子と靴を身につけた厳然たる経学論戦の著作である。一九〇二年『訄書』は改訂再版され、『原学』第一、『訂孔』第二となり、もとの孔子崇拝の内容を持つ『尊荀』、『独聖』は削除されたが、依然として経学について論じた部分は少なくなかった。一九一〇年日本で初版が出された『国故論衡』の地位は『訄書』に相当する。章炳麟自身はこの書を高く評価し、陳澧の経史小学を論じた著作『東塾読書記』に勝ること十倍であり、後人にきっとその価値の分かる者が出るはずだと述べた。一九一五年に完成した『検論』もやはり『訄書』の改訂から生まれた。孔子学、経学を論じたいくつかの内容もそのなかに留められている。三番目は雑著と書信で、その多くが経学について論じている。『自述学術次第』は簡略であるとはいえ、やはり経学が相当な地位をしめている。この三種の形式のものの中で比較的現実的意義の大きいものは、二〇世紀初頭の十年間に書かれた著作である。

梁啓超は、章炳麟は政治を語ることを好み、経学においては自らの学問をややおろそかにしたと述べた。楊向奎は、章炳麟は音韻、小学に優れているが、経学では劣っていると述べた[3]。実際は章炳麟は三〇年の長きに渡って一貫して公羊学に対抗してきた。『春秋左伝読叙録』は十分に劉逢禄を論破できる系統的な著作である。楊伯峻は『左伝』の研究において『春秋左伝読叙録』を重視することは理にかなっているとする。章炳麟が思想において到達した高みは、単に経学についての専著の多寡だけではかることができないものである。

劉師培には『経学教科書』（後に『経学伝授考』と改題）第一冊という著作がある。これは皮錫瑞の『経学歴史』よりさらに簡略である。劉師培の主要な著作は『劉申叔遺書』に収められている。劉師培の読書は広範にわたっているが、議論は時に曖昧である。例えば『経学教科書』において漢から清にいたる経学を四派に分かち、大体前漢、後漢を一派、隋唐を一派、宋元明を一派、「近儒を別に一派とした」。これはもちろん学派の区分とは言えず、時代による区別と言うしかないものだ。劉師培は経学有用論をとなえ、六経は豊かな内容をもっているから、教本とすることはできなくとも、「経学は広範な分野に亘っており、廃除することなどできようか(4)」と主張した。

鄧実の経学に関する論著は『国粋学報』に散見される。鄧実は徹底した今文経学の反対者だった。かれの言によれば、清の道光、咸豊年代以降、外国は踵を接して侵略を開始し、清政府は国内の思想の統制を省みる暇がなく、ここから知識分子は経世致用の学を語るようになった。前漢の今文経学は議論を重視したため、拡大、付会しやすい。公羊家の「三世」「改制」等の説は特に変法を主張する思想と符合した。一部のもっぱら今文学をとなえるものは表面的には学問を探求するものとして高尚を気取っているが、実際は学術を出世の道具とし、厚かましく官位利禄をねらっている。「故に今文の学出でて、神州ますます振るわず。蓋し今文学者は学術の末流、今文学の盛んに行われる世もまた世運の末流なり」。この言葉にすぐ続けて、鄧実はさらに「ああ、嘆かわしきかな。ああ、嘆かわしきかな(5)」と二度繰り返している。鄧実は派閥にとらわれた偏見がはげしく、章炳麟のように龔自珍や魏源の学術を激しく非難したばかりでなく、康有為の起こした維新運動をも全く抹殺してしまい、不毛な議論を一通りした後、当時の中国の衰退については、今文経学もその咎をまぬがれないと断じた。このような議論は王先謙や葉徳輝の維新運動にたいする攻撃を思い起こさせる。

注

（1）湯志鈞『章太炎年譜長編』下冊　九二四ページ　中華書局　一九七九年
（2）姜義華『章太炎思想研究』上海人民出版社　一九八五年
（3）楊向奎『緯史齋学術文集』三四九ページ　上海人民出版社　一九八三年
（4）劉師培『経学伝授考』序
（5）鄧実『国学通論』『国粋学報』第一年第一冊

（三）今文経学、古文経学両派の論争

この時の論争は、主として康有為、廖平、皮錫瑞等の今文経学にたいする章炳麟の批判であった。このうち廖平、皮錫瑞にたいする批判は学術的観点に限られており、政治論争には及んでいない。

第一の種類は、今文古文是非論争の継続である。前回と同様、六経は誰によって作られたかがやはり論争の焦点のひとつだった。

廖平が、孔子が六経を作ったと強調し、康有為も廖平の説をとり『孔子改制考』において六経が孔子によって作られたと認めたことはすでに前に述べた。皮錫瑞は『経学歴史』と『経学通論』の中で、六経が孔子によって作られたこと、孔子が六経を作った意図が万世に教えを垂れるためであったことを確認する必要があり、そうしてこそはじめて経学を論ずることができると繰り返し述べた。[1] 論争を挑んだ章炳麟は主張した。孔子は堯舜より賢であるが、それはもとよりその性格にあるのであり、その著作だけにあるわけではない。孔子はもとより独自性があるが、それは六経にあるのではない。六経にはもとより先賢よりもすぐれた所があるが、しかしこれをもってその中に先賢の著した書が含まれていないとすることはできない。この点を理解すれば、多くの懐疑は氷解する。[2] また、六芸は墨家、道家も知るところであった。墨子の言論の中には『詩』『書』『春秋』が引用されている。当時「老子、墨子の諸公が志を低くして六芸を刪定することがなかったために、孔子が威をほしいままにした」。[3] この事実は六経が孔子によって作られたものでなく、孔子が旧籍に基づいて校訂改編して成ったもの

であることを示している。一九一〇年、章炳麟は『駁皮錫瑞三書』すなわち『孔子作易駁議』『孔子制礼駁議』『王制駁議』を作り、孔子が六経を作ったという説にさらに反駁を加えた。しかし今回の反駁の対象は主には劉逢録、王闓運、皮錫瑞であった。章炳麟は皮錫瑞が『王制箋』『経学歴史』『春秋講義』の三書を作ったのは「大きな誤りである」と述べた。『王制箋』は『王制』を素王の改制の書としており、説がすでに荒唐無稽で、『経学歴史』は、もとのものをいいかげんにうつして、かってに己れの意によって断定し、『易』『礼』は皆孔子の作ったものであろうと考えており、愚かしいこと極まりない。『春秋講義』では師説を守ることができず、三伝をまぜこぜにし、批評を加え、上は講疏に違い、下は語録に異なる。「錫瑞の混乱にいたってはもっと甚だしい」。『国故論衡・原経』篇でも「劉逢録、王闓運、皮錫瑞の徒」が六経を孔子が作ったと思い込んでいることは、根拠が無く、成立しがたいと再三指摘した。

劉師培も六経は先代の旧典であり、孔子の作ったものでないと繰り返し述べている。六経は孔子以前にすでにあった。春秋の頃に六経を論じたのは孔子の一派だけではない。管子、墨子も六経を見ており、かれらの著作にはその引用がよく見られる。しかし春秋時代の諸子はみな六経を研究したとはいえ、かれらには定本は無かった。孔子にいたってはじめて校訂改編されたテキストができた。その後他のテキストはすべて失われ、孔子の校訂改編したテキストだけが残されてきた。つまり、周代には未編集の六経があったし、孔子の編集した六経もあったが、後の人が見たのは孔子によって編集された六経だけである。したがって、六経は古代の典籍であり、儒家だけの私有物ではない。それでは、経とは何のことか、劉師培も章炳麟のように字義学から解釈を加え、許慎の『説文解字』が「経」の字は糸を治することを形どる。「縦糸を経、横糸を緯」という、としており、それから転義し織物の意味となることを指摘した。六経は神秘的なものなどではなく、学校の講義要項であり、授業の際の教科書であった。『易経』は哲理学の講義要項であり、『詩経』は唱歌の教科書、『書経』は国文の教科書兼政治の教材、『春秋』はこの国の近代史の教科書、『礼記』は修身の教科書、『楽経』は唱歌の教科書であり、体操の教本でもあった[4]。劉師培のこういった言葉は平易でわかりやすい。神聖不可侵の六経とはこのようなものにすぎなかったのである。

孔子が六経を校訂改編した目的とは何であったか。

今文経学は神学目的論を宣伝するのに躍起となっていた。康有為、廖平、皮錫瑞は、いずれも孔子は天命を受けた素王であり、六経を作ったのは、後の王のために法を立てたのだと信じていた。廖平は、孔子が六経を作ったのが後の王のために法を立てるためだったことを理解しないということは、孔子の一生の事績を理解しないということであり、あまりにも孔子を貶めていると再三強調した。章炳麟はこの説を重点的に批判した。かれは「六経は古史にすぎず」と見ることを求めた。意炳麟はくりかえし説いている。六経は古代社会の歴史の記録にすぎない、六経に対するには歴史的な方法が必要で、様々な分野で、その制度を考察し、それを事実と照合する、これによって古代の歴史の沿革と変化を理解するべきである、と。[5] 六経が古代歴史としての真の姿を取り戻せば、孔子が六経を作ったのは、後の王のために法を立てたのだと見る類の説は、根本から否定されてしまう。章炳麟はこう指摘する。今文学家は孔子が『春秋』を作ったのは漢朝のために法制を立てたものだとするが、これは漢代の五行家が経典と技芸によって栄達を求めるためのまったくのでっち上げの説である。漢の朝廷の官号、郡県、刑罰はすべて秦代のものを踏襲してできたものだ。秦の法は李斯によって制定された。したがって、真に漢朝のために法を作ったのは李斯であって、孔子ではない。[6] 孔子が『春秋』を作ったのは百世のために法を立てたのだと言うに至っては、ますます荒唐無稽である。法制は社会生活に合わせて常に変えていかなくてはならない。古今の世上は異なっているのに、どうして孔子があらかじめ定めておくことができただろうか。今文学家は讖緯を援用して経の意味を説明し、かってに字義を曲解する。「個々の字を文脈にあわせて歪曲して表面的に通じることを求め、解釈が見つからない時は素王をもちだし、つじつまが合わなくなると三統に救いを求める」[7]。それは様々な覆いがかぶせられており、こうした覆いを取り除けば、暗夜が白昼に変わり、怪しいものが妖術を使うこともできなくなるだろう。

「三統」「三世」説の問題をめぐって。

康有為は戊戌の変法以前から「三世」説を説いて変法を宣伝していた。かれは国外に亡命したあと再び『中庸注』（一九〇一年）『論語注』（一九〇二年）を執筆して、相変わらず三世問題について語った。『中庸注』に言う。拠乱世、升平世、太平世の「それぞれの世にまた三世がある。すなわち拠乱世にも拠乱世の升平と太平があり、太平世の初めにもその拠乱と升平の区別があり、それぞれの小三世にも三世があり、大三世にもまた三世がある。故に三世が三重になって九世になり、九世が三重になって八十一世となる。このように三世が重なり、無量数に至るであろう」[8]。『論語注』にも言う。「世は三重になる。拠乱世の中の升平、太平があり、太平の中の拠乱、升平がある。……一世の中は三世に分かつことができ、三世は九世に広がり、九世は八十一世に広がり、千万世となり、無量世となる。太平大同の後、進化はなお多く、その分化も細かく、百世にとどまらない」。この二つの言葉は同じ意味である。[9]（原注―ある文章は『中庸注』のこの言葉を根拠に康有為がここで三世が異なる内容のものである事を取り消して、大三世、小三世など無数の三世を言い出しているのは、わざわざ狡猾に立ち回ったものので、三世説において後退したものと見ている。現在『中庸注』の元の原稿を見ることができないので、康有為の説がもともとこのようであったのか、後に改変されたものなのかは断言がむずかしい。）章炳麟は論駁して述べた。康有為は三世説を説いて時代の進化を説明することを好んだが、しかし何を「三世」説と呼ぶのか。「『公羊』の言う所を考察して見ると拠乱、升平、太平は一代にすぎない。礼俗の変化、機器の変遷は一代で尽きることはない。[10]」『公羊』の三統は三代を指し、三世は一代を指す。両者は本来異なるが、無知な人の多くはこれを混乱させ一緒に論ずる。康有為は南北アメリカの華僑に致す書でこう述べた。「「三世」説の中の拠乱世は君主専制時代、升平世は君主立憲時代、太平世が民主平等大同時代である。中国は現在君主専制の世であり、民主平等は千年の後まで待たねばならない。章炳麟はこれも批判していう。「今日は固より民族主義の時代である」。満洲族と漢族は区別して対応すべきで、これらを同等のものとしてはならない。現在が君主専制の拠乱世である以上、康有為がまた未来の太平世について大いに語るのは、自らその三世説にもとるものではないか、と。

第二の種類は、両派の闘争の鍵となる、「紀孔（孔子を価値基準とすること）」「保皇」か批孔反満か、あるいは、革命か反革命か、という問題である。

一見したところでは、古文派と今文派の論争の範囲は前段階となんら変わりなく、問題も相変わらずのものだ。しかし実際のところは今回の論争はまったく異なった環境の下で行われた。かつて多くの人びとを引き付けた改良主義の波はこのときにはすでに過去のものとなっていた。知識分子の一部分には思想認識において重要な変化がすでに起こったかあるいは起こりつつあった。かれらは愛国、変法から革命を主張するようになっていたのである。この時の経学論争はまさにこうした思想認識の転換の一部分であった。前回の論争と比べてみると、政治を論ずるうえでも、学術思想を論ずるうえでも、ひとつの新たな段階に踏み込んでいた。「紀孔」「保皇」か批孔反満か、あるいは、革命か反革命か、という問題が、今回の論争の鍵であった。

一九〇三年、章炳麟は、愛国知識人は「紀孔」「保皇」と言う二つの関門を通りぬけなければならないとはっきり述べている。かれは上海の愛国学社の学生陶亜魂と柳亜子の二人に宛てた手紙の中で

「二子が昔日紀孔、保皇の志をかたく守ったことを知っているが、人生少壮の時は、そのようでないことは苦しく、私も同病相憐れむ、である。……しかし凡人の知識の程度はあまり隔たりがなく、初めて発展し始めた時に、紀孔、保皇の二つの関を通らないものはないことも知るべきだ」[11]と述べた。「紀孔」「保皇」に反対すれば、思想理論のうえでは必然的に孔子批判、反満に赴くほかはない。章炳麟はまさにそのように行動したのだった。

孔子と儒学について、章炳麟は、今文学派のように現代的な孔子像を作り上げて伝統的な孔子と対立させるようなことはせず、孔子にたいして直接客観的な批判を行った。章炳麟の『訄書』修訂版では、孔子は下って孟軻に比べれば、故事を広く知って賢であるが、智徳はやや劣る、漢代の劉歆は名実ともに孔子と拮抗している、と述べている。一九〇六年、章炳麟が主筆を勤める『民報』では同時に諸子学を講じているが、その重点は「儒学の害が人の思想を混乱させる」ことを論証するのにおかれていた。章炳麟は孔子の学問と行動についてこう書いた。孔子は七十二君につかえ、後の遊説の先駆けとなった。孔子自身が言う。「可もなく不可もなし」。また言う。「与《とも》に立つべきも、未だ与に権《はか》るべからず」。また言う。「君子の中庸は、君子にして時に中すればなり」。孔子の教義はただ時勢に迎合することにあり、その行動や主張は時に応じて変わる。その故に言う。「言必ずしも真ならず、行い必ずしも果ならず」。いわゆる中庸は実は郷愿にほかならない。中庸を提唱すれば人を国愿に変えることができ、更に甚だしくは郷愿にもすることができる。孔子は郷愿に反対した。しかし国愿には反対しなかった。ここから孔子がいかに利や位に執心したかが見て取れる。孔子は「時に中す」「時に申《の》ぶ」「時に絀《くっ》す」ことを主張し、その結果、道徳は其の是をもとめる必要がなく、理想も其の是を求める必要がなく、ただ一時の行動に都合がよければよいことになった。儒家の道徳を応用すると、刻苦して卓越する者は少なくなり、あつかましく冥利を求める者が多くなる。儒家の理想を応用すると、意図するところは可否の間にあり、議論は曖昧なところにとどまる。孔子の学問はもともと老子から出ており、その権謀術数はこれにまさるものがある。孔子は老子が保管して来た典籍を詐術を弄して騙し取り、自ら六経の編纂を完成させた。孔子は暴かれることを恐れて、脅迫という手段を用いて老子を東方諸国から追い払った。老子は秦の国に至って、『道徳経』を著し、このことを明らかにした。老子の書がもし早くに出ていれば、必ずや暗殺の災いを免れなかったことだろう。孔子の老子にたいする師弟の間の妬みはこのようなもので、其の心根が知られ、其の害毒を流して人を害することも知られるであろう、等等。今文学派は孔子を極力万世に教えを垂れる聖人に飾り立てようとしたが、章炳麟は長い期間にわたって人びとが孔子の頭上に付けてきた光輪を極力剥ぎ取ろうとした。これ以前の著述家の中でこれほど徹底して孔子と儒学を批判したものはなかった。

章炳麟のほかに、その他の知識分子のなかにもこの時期には孔子に反対し、孔子を批判した者がいた。一九〇八年、中国人留学生が日本で出版した刊行物『新世紀』『河南』においてそれぞれ『排孔徴言』『無聖篇』が発表され、孔子と儒学にたいする批判が行われた。『排孔徴言』に言う。孔子は専制政府の基礎を築き、中国に二千余年にわたり害毒を流した。中国人が幸福を得たいと思うなら、まず孔子にたいする革命、つまり孔子の学説を徹底的に批判しなければならない[12]。『無聖篇』に言う。歴史における聖人とは不可思議な怪物である。中国に「至聖」の孔子がいることで「人生の自由が阻害され、学術の発展が禁じられた」。人民が自由を求めるなら聖人孔子に反対しなければならない[13]。これらの人びとは封建専制制度に反対することを孔子に反対することに直接結びつけた。章炳麟が経学の上で孔子を貶めたのと並べてみてもそれぞれの意義がある。

清朝政府にたいしては、章炳麟は、康有為が「保皇」を唱えたのと対決して清朝統治の転覆と反満革命の実行を求めた。一九〇二年の『訄書』修訂版から孔子批判、反満が始められた。『訄書』の巻頭に加えられた『客帝匡謬』の中で「満洲を駆逐しなければ、士の愛国、民の敵愾を欲しても、それは不可能だ」と指摘した。一九〇三年、章炳麟が有名な『革命軍に序す』『康有為を反駁して革命を論ずる書簡』の中で説いたのはすべて反満問題だった。『革命軍に序す』は伝統的な言い方にしたがって清政権を倒すことを「光復」と呼び、同族を改制することを革命、異族を駆除することを光復と言うとした。「今中国が逆胡のもとに滅亡した以上、謀るべき所は、光復なり、革命に非ず」。『康有為を反駁して革命を論ずる書簡』では康有為に反駁して、康有為は以前は『公羊』を崇拝し、董仲舒の『春秋繁露』を暗誦してその一字一句を神聖不可侵なものと思っていた。しかし、『公羊』は明らかに九代前の仇を討つことを主張しており、これは今日の反満革命と一致する。康有為は清朝政府を弁護するため、『公羊』の仇討の義を勝手に歪曲して、人民の革命を阻んだ。『康有為を反駁して革命を論ずる書簡』は人々の注目を引くようこう書かれている。「こわっぱの載湉（光緒帝）め、豆と麦の区別もわきまえぬ」。「公理が分かっていないものも革命によって分かるのであり、ふるい風習の残っているものも革命によって除去できるのだ。革命は天雄（とりかぶとの類）・大黄（瀉下剤）のごとき劇薬でなく、実は補（体力をつける）・瀉（邪毒を下す）の両方に効く良薬なのである」。章炳麟のような激烈な反満の言説は当時の愛国思想をもった知識分子の中でも突出したものであった。

儒学を批判し、反満革命を宣伝するには、経学自身だけに頼っていては多くの理論を出すことはできない。革命とは歴史の提出した最新の要求である。革命の必要性、合理性を論ずるためには新しい理論と観点から出発して、新しい論拠を示していかなければならない。前回の闘争で今文学派は西洋の民権や平等の観念を応用して変法思想を宣伝した。今回、古文学派は、革命の必要性を論ずるにあたり、応用する西洋思想理論の範囲を社会学と民族主義の理論の方面にまで拡大した。章炳麟はスペンサー、ギディングズ、日本の学者岸本能武太、有賀長雄等の社会学の著作を熟知していた。一九〇二年、章炳麟は岸本能武太の『社会学』を翻訳出版したことがある。章炳麟は、これらの著作から西洋ブルジョア階級の政治的見解、民族問題の観点を少なからず学び取った。『康有為を反駁して革命を論ずる書簡』には数多くの経学の典故や用語、例えば三世三統、『公羊』『繁露』『春秋』の義、緯書、素王玄聖などが並べられているが、それと同時に、今日は民族主義の時代である、人生の智慧は競争から生まれる、人心は進化し進化はとどまることがない、「自由かしからずんば死を」等々と並べられていた。全編に古今内外の歴史、社会、民族についての学説が引用され、反清革命が社会進化の公理にかなったものであることが証明されていた。

儒学以外のその他の古代の典籍も、章炳麟が反満革命を宣伝するにあたって引用し利用する資料となった。辛亥革命の前年、章炳麟は『国故論衡』を発表し「経国は『斉物論』に如くはない」と考えた。同時に専著『「斉物論」釈』においては「斉物はことごとく平等の論なり」と強調した。ブルジョア階級革命派は、みなフランスの啓蒙思想家ルソーの社会平等学説を信奉し、自分たちの言論の中で極力ルソーの学説を宣伝した。章炳麟は、中国の古典文献を西洋政治理論と結合させ、哲学思想理論の面から論述した。個性的色彩が強く現れているとはいえ、究極のところ、これもまた中国の旧民主主義革命者が西洋の社会歴史学説に闘争の武器を求めたという共通性を一定程度映し出している。中国古典哲学の形式と西洋政治思想学説の内容が混ぜ合わされていることは、哲理言説から解釈することもできるし、現実面から観察することもできる。

経学研究において章炳麟はいくつかの点で明らかに康有為や同時代のすべての人びとを超えた。それは以下のような点である。

まず最初に、新しい眼光で孔子に評価を加え、孔子を完全無欠、至高最上の聖人から、一人の普通の歴史家の地位に引きおろした。孔子の形象は完全な虚構から比較的に真実に近づいた。孔子は先秦時代の諸子の一家にすぎず、孔子の学説は先秦時代の諸子の学説のひとつに過ぎない。孔子が万世にわたって必ず遵守すべき典則を制定したことはなかったし、またそれは不可能なことだった。世界にはそのような永遠の典則というものはありえないのだ。孔子と儒学はその後ますます高く持ち上げられ、これ以上ないという地位にまで登りつめてしまった。これは前漢が儒術のみを尊んだこととその後の長期にわたる封建支配によって作り上げられたものだ。このような姿は虚構であり、決して真実ではありえない、というのである。

次に、経学研究の性質を変え、経典をこれまでの解説、賞揚の教条から、客観的研究、理解の対象に変えた。「経」とは何か。班固、鄭玄以下の学者は普通これを天地を経緯する、永久に適用できる真理と解する。章炳麟は指摘する。六経はすべて歴史記録あるいは歴史資料であり、経籍を研究する目的は古代社会の歴史の真相を理解することであり、いわゆる「通経致用」のためではない。経籍にはまったく神聖さはない。その後、章炳麟は経とは何のことかという点について解説する。世人は「経」を常、「伝」を転とするが、いずれも後代の解釈からでたものだ。一部の書籍を経と呼ぶ所以は、古代の書籍の装丁に由来するにすぎない。「経とは糸でつづりあわせることをいう」。それは竹簡や木簡を結び合わせるための紐のことである。古代のインド文字はタラジュの葉に書かれスートラと言われたがこれと同じことである。スートラは直訳すれば糸であり、意訳すれば経である。これは単に語源学から「経」が何者であるか説明しているだけで、その社会的属性を指摘しているわけではないが、しかし「経」が実はこのようなものに過ぎないということが明らかになれば、人びとの迷信は取り除くことができる。

そしてさらに、孔子と儒学の主要な功績が民族の歴史と民族の文化を保存し、それらが長期間、中国の民族精神の支柱の主要部分となった点にある、ということを強調した。章炳麟は指摘する。一国の歴史はまさに一国の系図のようなもので、過去のことを世代を超えて伝える。もし一国の歴史がなくなったら、その国の人民の愛国心は衰えるにちがいないということが知れる。歴史の記載が詳細で厳密であれば、これをひもとく人びとはその中から国が貧しく弱い理由、戦争の勝敗の原因、民族の盛衰の変遷を知ることができるだろう。人が世に処し、事を論ずるには、これらのことを知らないわけにはいかない。章炳麟は特に古代史の重点が『春秋』にあることを強調した。章炳麟は言う。孔子が『春秋』を伝えていなければ、後人はそこから先代の事跡を知ることがなく、ひとたび侵略されれば、奴隷や牛馬の地位に安んじ、反抗を思うことがなかっただろう。秦朝から今日まで四方の夷狄は侵入を繰り返し王道が中絶することも多かったが、しかし侵入者は旧章を破棄することはできず、また幾たびも乱世を治め正しい世にかえした。「国性を落としめず、民に自らが夷狄より貴いことを知らしめることは、『春秋』以外の何によって可能だっただろうか[14]」。章炳麟は晩年の作『春秋疑義答問』で自分はこの経を研究すること四十年に近いと述べた。また、『春秋疑義答問』は自分の「三十年の精力を集めた書」だとも述べた。章炳麟の見るところでは『春秋』の中心は夷と夏の大きな境界を弁別することにある。もし若年に『春秋』を講じた意図が反満にあったとすれば、後年には原則からいって外国の侵略への反対、民族思想の宣伝を講じることになるであろう。

これらの点に章炳麟の経学講義の精髄がある。これらは古文経学の真実探求の態度を体現し、思想観点の上ではまた古文経学を越えていくものであった。孔子と儒学をどう見るかについて、人びとはここにはじめて科学的な論評を見るに至ったのである。

章炳麟と康有為の経学研究を比べてみると、二人は初めから異なる道を歩んでいる。二千年来の孔子学の至高の権威を揺るがせ、人びとの思想の枷をはずすという仕事において、ふたりはそれぞれ重要な業績を上げた。康有為の書が先で、その論述は凝集して、生み出された衝撃力は大きい。章炳麟の書はその後で、その論説は分散しており、波紋もやや小さい。康有為は劉歆の偽経を批判したが、孔経が偽であると言う批判はしなかった。劉歆の偽経を打倒する目的は、依然として孔経を称揚することであり、孔子が改制、立法したことを宣伝すると同時に儒学の神聖性まで宣伝した。章炳麟が最初に出版した『訄書』には孔子崇拝の痕跡が残っていたが、まもなく自分自身で改めた。康有為は儒学の側に立って儒学を揺るがし、章炳麟は儒学の外に立って儒学を評価した。二人の出発点は異なっており、到達した地点も近いと遠いの違いがある。章炳麟は康有為の仕事を引き継ぎながら、またこれと対立し、否定した。梁啓超は、章炳麟は思想解放について、勇気を持って決断する程度が康有為に及ばないと述べた。これは、かれらの経学著述の直接の反響の面に注目したもので、対立、深化という別の一面には注意を払っていない。一方は「紀孔」を堅持したが、他方は「紀孔」に反対した。ここからいずれがより勇気を持って決断したかを見て取ることができるだろう。康有為の開拓者としての役割はもちろん無視することはできない。章炳麟の著作はその後に出たもので、このことがかれが論説を展開することを容易にした。世の中の急激な変遷もさらに強く章炳麟を駆り立てた。

今文経学と古文経学の第二の闘争を総括するとその特徴として次のような点が挙げられる。一、二十世紀初頭のブルジョア階級革命運動の勃興と対応している。二、古文学派が戦いを挑み、今文学派が守勢にまわった。三、古文学も今文学もその拡大した解釈の中にブルジョア階級のイデオロギーの要素をもっているものの、両者の立場は違っていた。しかしともに封建主義の残滓を引きずっていた。四、古文学派は、社会を前進させる運動の要求と傾向を映し出しており、古文学派の一部の言動は、間接的だが多かれ少なかれブルジョア革命の宣伝の一部を構成していた。

注

（1）皮錫瑞『経学歴史・経学開闢時代』中華書局一九五九年

（2）章炳麟『今古文辨義』湯志鈞『章太炎年譜長編』上　九三～九四ページより転載

（3）章炳麟『訄書・訂孔』三ページ　日本東京翔鸞社　一九〇五年

（4）劉師培『経学伝授考』第二章、第四章、第五章、第八章

(5) 章炳麟『訄書・訂孔』三ページ
(6) 章炳麟『原経』『国故論衡』一一六ページ
(7) 章炳麟『明解故上』『国故論衡』一三七ページ
(8) 康有為『中庸注』演孔叢書本　三六ページ
(9) 康有為『論語注』万木草堂叢書第二巻　一一ページ　なお康有為の『論語』にたいする評価はきわめて低く、これを曾子の門人弟子の手になるものと見る。曾子の学術は専ら旧套を守り、詞気に意を注ぎ、叙述は雑駁であり、『論語』は主に曾子の学問の狭隘な内容を反映し、孔子の大道の記載を欠く。「論語の学は実は曾学なり、孔子の学を尽くしたとするに足らず」。『論語注』序
(10) 章炳麟『訄書・尊史』一一八ページ　日本東京翔鸞社　一九〇五年
(11) 章炳麟『陶亜魂、柳亜盧に致す書』湯志鈞編『章太炎政論選集』一九一ページ　中華書局　一九七七年
(12) 『排孔徴言』『新世紀』第五二期
(13) 『無聖篇』『河南』第三期
(14) 章太炎『原経』『国故論衡』一一七ページ

（四）二度にわたる闘争のなかの経学と西学

最初と今回の二度にわたる戦いの中で、今文派と古文派は対立したが、また重要な共通点も持っていた。それは、かれらが経学について語る時しばしば西学にかかわる議論をまぎれこませ、あるいは経学と西学を同時に講じたということだ。たとえ自身は西学を講じなくても、西学にたいする態度の問題をとりあげて説明を加えたものもいた。一八九七年、すでに高齢だった古文派の学者兪樾はある文章の中で自分の学生たちにこう語った。最近三年で時局は一変し、風気も大いに開け、人びとは争って西学を口にしている。私も同学各位も古い遺経を抱きしめて放さぬ。これは先人の言う世の変化に通じぬ鄙儒だ。戦国時代には孟子がいたが、また荀子もいた。孟子は先王に法り、荀子は後王に法った。諸君がもし孟子の徒となろうとするなら、私はよろこんで諸君とともに経学を続けて講じる。しかし諸君がもし荀子の徒となろうとするならば、どうか西学を講じてもらいたい(1)。兪樾の言葉は、自分自身は西学を講じないことを堅持するものの、自分の弟子たちが西学を講じることをこれ以上阻止することはできず、まして他の人たちを押しとどめることなどできないとかれ自身が認識していたことを示す。これは西欧資本主義文化の日ましに強まる衝撃が、中国思想界に中国の学問と西学、新学と旧学の激烈な闘争を起こしたことの反映である。中国の学問の核心部分としての経学は、必然的にこの闘争の渦のなかに巻きこまれていった。

康有為と章炳麟は経学を講じると同時に西学も講じた。かれらの学問はそれぞれ程度の差こそあれ、中国の学問でも西学でもないもの、あるいは中国の学問の表面に西学の色を塗りつけたもので、中國の学問でもあり西学でもある、というようなものであった。これがかれらを旧学派から分裂させて新学派を作らせた。中国の学問でもなく西学でもなければ、底が浅いこと、辻褄があわず滅裂であることは避けられない。しかしかれらはとにかくこれによってそれぞれ自分の学説の特徴を形作ってきた。

康有為や章炳麟以外にも経学家の中の少なからぬ者が西学を語ったが、それらは皆中国の学問を西学にこじつけ、西洋のある事物や学説が中国に古くからあったものだと考えるものである。それらの学説が西洋から紹介されてくるのは、まさに「礼失われ、これを野に求む」のと同じだというわけだ。今文派はこのようなこじつけの方法を用いたが、古文派もまたこのような方法を用いた。

今文学派の中では、皮錫瑞の観点が代表的なものである。皮錫瑞は、西学は中国の学問に起源をもつから、西学を講じる者はまず中国の学問に通じなければならないと考えた。かれは言う。西学は、まず最初は中国周秦の諸子から出た。荘子、列子、関尹子等の書にはいずれにもその証拠が見られる。『史記』『漢書』には前漢七国の乱で疇人の子弟が海外に分散した、とある。ほぼこのころ中国では学芸が途絶え、外国に伝わり、現在ふたたび外国から中国に伝えられてきたのである。西学を講じる者はまず中国の学問に通じてはじめてものの役に立つ。西洋の言葉が話せ西洋の文字が読めるだけの者は役に立たない(2)。また、西学は役には立つが、それでもまず中国の学問に通じる必要がある。初めに中国の学問に通じなければ、聖賢の義理や中国の政教の優劣、古今の変革について、心の中ではっきり理解できない。こうした人間が西学を講じても、精通することは難しい。たとえ専門の学に通じたにせよ、それは一芸に秀でたというに過ぎない。さらにそれ以下の者になると、言葉、文字に多少通じたとしても、せいぜい通訳や買弁になるのが関の山だ。このような人材が何の役に立とうか、と。[3]皮錫瑞は、西学は中国の学問に由来すると言明し、なんとか中国の学問を持ち上げ西学を貶めようとしたが、実際には、西学が経学の殿堂にまで入り込み、経学を講じる者も西学と関りをもつことを避けられなくなっていることをはからずも語っている。

廖平は西学にこじつけることが特に目だった。かれは経学『二変記』においてそれまでの経学研究を批判して言った。これらの経を説く者達は議瓜（原注―秦の始皇帝が儒生に瓜を論じさせた故事）のように、嘘を弥縫し、経学研究を衆人の言い争いの場にしてしまった。凡そ学問とは深まれば深まるほど智の増すべきものであるが、経学だけは違って、学べば学ぶほど愚昧になり、学術政治の大害になっている。[4]廖平のこの批判は他人についてよりも廖平本人についていっそうあてはまる。廖平の経学には幾度も変化があったが、終始変わらなかった点は、春秋時代を今日の西洋にひきくらべ、春秋時代の状況が今日の欧州の状況に相当し、孔子の立てた法は春秋時代の中国に適用できるとともに、今日の西洋世界にも適用できると考える点である。かれは『知聖篇』でおおむね次のような議論を展開した。孔子が生まれる以前の中国の政治と宗教の状況は今日の西洋と同じだ。西洋人が山を越え海を渡って中国に聖経を求めに来るのは、つまり『中庸』に言う「施して蛮貊に及ぶ」である。しかし西洋人は六経を法として取ればいいのであり、師法があれば、西洋はもう孔子を生み出す必要はない。中国の春秋時代には、法を求める手立てがなく、このため天は特に孔子を生み、経を立て教えを垂れ、中国から海外へと広め、春秋から百世まで伝えた。これが物事の法則である。今日の西洋はまさに中国の春秋の時と同じく、法を求める手立てがない。西洋では儀式は簡略になり、上下の威は区別がなくなり、君臣の分もおろそかになり、謀反反逆を公罪としている。父子が殴打しあってもその罪は同等となる。男女が婚姻するには自分で相手を選び、父子兄弟は路上の他人のようになり、祖先を敬う義はすたれた。「故に孔子は特に綱紀を建て、その乱世を治めた。百世もって待つとは正に此れを謂う」(5)。廖平の見方によれば、孔子の学説は単に中国の春秋の世にたいして述べられたものではなく、二千年以上後の西洋世界についても述べたものである。中国と外国を区別せず、古代と現代の区別もない。『知聖篇』でもそれ以降の著作でも廖平はこのような説をずっと取り続け、何度も繰り返している。これと関連して廖平は、中国の古代の典籍から字句を探してきて西洋の知識や社会観念のあれこれが中国に古くからすでにあったことを証明しようと極力努めた。例えばかれは言う。近代に五大洲、あるいは九洲万国があることが知られたが、『周礼』によれば「大行人」には九洲、鄒衍には海外九洲の説があり、「今の西洋人の説と符節を合わせるようだ」。地球は南北に極があり、東西に極がない。中国の経書に見る「昊天極り罔《な》く」「士こそ極り罔《な》く」「此れを畏れること極り罔《な》く」「東方の明るむにあらず、月の出の光なり」はすべて南北に極があり東西に極がないという説である。西洋人は公を重んじ、公理公法は一方に偏らないとするが、これももとは経書から出ていて、『詩経』に言うところの「薄《いささ》か我が私をすすぎ」「駿《はや》く爾《なんじ》が私を発《ひらき》て」「退食《たいしょく》公よりす」「朝な夕な公に在り」は皆公私の別と公を重とすることを述べたものだ。また、天主教の説は、専ら天を尊び、諸神を薄くするが、経伝もその義を同じくする。片言隻語を手当たり次第に取り出し出任せを言うのが廖平が西学にこじつける時の特徴である。

古文学派の中では葉徳輝が宗教の側面で根拠を捏造し、西学が中国の学問から出たこと証明をしようとした。葉徳輝は言う。天下古今の宗教および宗派の中で道教ほど広大で、成立の早いものはない。孔子は礼を老子に問い、道教は儒教に一変し、さらに法家に変わった。その中で国外に伝わった一派が釈迦教に変わった。釈迦教はインドで盛んになった。今日の西域や海外の各種の宗教、例えば回教、アラビア回教、天主教、キリスト教なども また釈迦教の支流後裔である。これらの宗教は五大洲の間に縦横に広がっているが、その来源を窮めれば最後には道教に帰するであろう(6)。また周秦の諸子は九流に別れバラモン教による紹介を経て西洋に伝わり西洋の学問や宗教の鼻祖となった(7)。葉徳輝は、中国の学問と西学とを勝手にこじつけるのが難しいことをあきらかに知っており、そのため宗教の面から論を立てることにしたのだ。しかし結局のところやはり西学は中国の学問から出たと考えられていた。王仁俊は、西洋の民主の説は墨子に由来すると考えると明言した。墨子は「尚同」を主張したが、その意味は天下の賢能の人を選挙して君主に立てるという主張である。『墨子』にはこうある。天下万国の君主が相互に攻伐しあうのは天下の巨悪である。天下万国の君主をして「一同」「非攻」に努めさせなければならない。これは西洋の合衆国が民主制度を建てる濫觴である。墨学が中国で捨て去られ放逐されて二千年余りたって、意外にも現在西洋からふたたび伝えられてきた。これは実に四億黄色人種の不幸である、と。(8)

もう一人の古い世代の古文学派の学者孫詒譲(一八四八〜一九〇八)は、政治論争には参加しなかったが、やはり西学が中国の学問に起源を持つことを主張した。孫詒譲の著書としては『墨子閒詁』『周礼正義』が最も著名である。孫詒譲は言う。中国が開化して四千年、文化のもっとも隆盛を見たのは周代である。「故に『周礼』一書の政治が緻密で周到であるのは、今の東洋西洋の各国の富強にいたった所以と符節を合する。しからばワシントン、ナポレオン、ルソー、アダム・スミスの論、その実践し説いた所の西洋政治の最新と目される所のものは、我が国の二千年前の旧政に其の端を発する」(9)。孫詒譲の説は言及した範囲がより広い。孫詒譲は封建時代と資本主義時代という異なる歴史段階の違いが分からず、二つの異なる社会政治制度の区別ができず、それらをごちゃ混ぜにしてしまい、かれが世の中の変化に通じていないことをあらわにした。

梁啓超には一九〇二年に中国の学問を西学にこじつけることを批判した言葉がある。かれはこのようなやり方の弊害を切々と語った。梁啓超は言う。今日礼教の防衛を言う人は近世の新学理を踏襲したうえで、あれは孔子がすでに知っていた、これは孔子がすでに語っていたとこじつける。かれらが愛するものは相変わらず孔子であって、真理ではない。万一、四書六経の中にこじつけられるところがない場合は、それがあきらかに真理だと分かっていても、これに従う勇気がなくなってしまう。万一こじつけた所にけちをつけるものがあり、孔子はそのようではないと言われると、それでもなおこれを放棄しないというほどの勇気もまたないのだ。このようなことが続いていけば、いつまでたっても人びとが真理をつかむ日は来ない。「故に吾がにくむ所の者は、言葉をもてあそぶ腐敗した儒者である。何かというと西学を中国の学問に強引に結びつける者は、名目こそ開明だが実は保守であり、思想界の奴隷根性をますますあおるものである⑽」。

これらの経学を講じる人、儒教を護持する人が、なぜ中国の学問をどうしても西学にこじつけようとしたのだろうか。かれらの中には、これはウヌボレであり、謙遜が足りない、という人がいる。しかし、こういう言いかた自体が自己欺瞞である。かれらは何もウヌボレていない。内心あわてふためき、劣等感にさいなまれていたのである。西学の衝撃の前で無能であるという徹底的な劣等感である。中国の学問を西学にこじつけ、西方の当時の一部の学説、事物は中国古代のそれと適合し、儒学と一致するという。だが、その実際の意味というのは、そのときの中国の封建文化がすでに独立の地位を失い、資本主義文化の侵入を防ぎきれず、それにこじつけることによって、自己の存在確保の道を求めよう、ということにあった。たとえそこに西方文化の侵略に抵抗し、突撃の声を挙げる多少の意義をふくんでいたにせよ、自分たちにはその文化侵入に抵抗する能力のないことの表明でしかなかったのである。なぜならその文化侵入は、外国資本主義の全面的侵入から来ていたものだからである。これは単に文化思想のうえだけで解決できるものではなかった。ましてやそのようなこじつけは虚構の捏造によっており、どんなに自分が解ったふりをしても、人びとの耳目を掩うことはできなかった。

中国と西洋の文化関係史のうえでは西学中国起源説はもちろん近代経学の論者たちの発明ではなかった。その発生はかなり古い。明の末年、イエズス会の宣教師がヨーロッパの若干の科学知識を中国にもたらしたとき、早くも少数の知識人が、中国の学問と西学の関係の問題について解答を出そうと試みた。かれらの仮説は「会得してから乗り越える」すなわちまず両者を「会得」し、そのあとで中国の学問が西学を「乗り越える」というのだ。徐光啓が最初にこのような主張をした。しかしその理想は貫けなかった。清の前期にはしだいに「西学東源」論が現れ、西学は中国の学問に起源を持つと考えられるようになった。考証学者であり数学者でもあった王錫闡、梅文鼎がまずこの説を提唱した。戴震、梅瑴成（原注―梅文鼎の孫）等の人びとが引きつづきこの説を拡大展開させている。戴震は『四庫全書』天文算法類書目提要の中で資料を列挙し、西洋のいくつかの算法がまず中国から西洋に流入しその後ふたたび向きを転じて中国に流れ込んだことを証明しようとした。「西学東源」論は、これ以降ほとんど清朝の当局筋の学説となっていった。阮元は『疇人伝』を書き、清代の経学家兼暦算家を紹介して極力この説を宣揚した。戴震は清代の学者の中で最大の碩学と言うにふさわしく、学問に精通し、新思想の持主であった。しかし現代の研究者は、かれが天文算学の中で中国の学問を西学にこじつけ、旧套を墨守し、古代を盲信し、牽強付会して妄断し、人の冷笑を買う、と指摘している[11]。この面では以前の人びととの戴震にたいする賞賛は過大なものであった。『四庫全書』が編纂されてから百余年、近代経学の研究者たちはあいかわらず西学東源説の上を行きつ戻りつしている。だがその知識のほうは、かれらの先輩たちよりはるかに劣っている。これは経学の悲劇にとどまらない。

中国文化は、自己の独自の内容と価値観念を持っている。どのような文化であれ別の文化の中の有益な成分の吸収を拒むことはできず、それによって自分自身を新しくし発展していくことができる。明の末年以降の西洋の一部の科学知識の伝播は中国の伝統文化が新知識を吸収して自己を発展させていくチャンスであった。清の経学家たちは完全にこのチャンスを逸した。アインシュタインは言っている。「西洋科学の発展は二つの偉大な成果を基礎としている。それはすなわち、ギリシャの哲学者が形式論理学の体系を発明したこと（原注―ユークリッドの幾何学の中にある）、および（原注―ルネッサンス期に）系統的な実験を通じて因果関係を探し出す可能性が発見されたことだ」[12]。清の経学家の中の一部のものは西洋の幾何学を熟知していた。しかしかれらは形式論理学体系の思考方法を発展させることはなく、理論幾何学すなわち数量と無関係に純粋に公理と公準を討論の基礎として証明を行う幾何学を発展させることを重視しなかった。戴震は『孟子字義疏証』を著し、ユークリッド『幾何学原本』をまねて、それぞれの命題にまず定義を下し、次に公理を並べ、それから問題を解き、推論を行って、宋・明の理学家の「理」は意見に過ぎず、真理ではないと批判した。戴震自身はこの書が平生の学術の最大の成果を代表していると考えた。しかし強調されたのは、形式論理学の、経学を考証するうえでの道具としての役割であり、形式論理学体系の思考方法ではなかった。当時一部の人びとは、戴震の学術の浩瀚さに衝撃を受けて、崇拝し信服していたが、ただ『孟子字義疏証』だけは軽く見て、戴震の著作の中の取るに足らぬもので、語るに及ばないとさえ考えていた。これは宋・明の理学への批判を受け入れることを拒否したことによるだけでなく、形式論理学の体系の思考方法を受け入れることも拒否したのである。これらの学者たちは漢代の五経博士のように経学の方法を思考の最高の方法としていた。議論といえば、必ず詩に云う、子曰くと引用することで、それを根拠とする。儒学の経典上の是非が、かれらの認識上の是非にほかならない。独創的な新しい思維は、このようにしてまず方法論のところで扼殺され、生まれ出ることができなかった。かれらは学問研究には「実事求是」が必要だ、と強調したが、何をもって「実事」と言うかといえば、天文・数学などわずかの部門以外は、ただ儒家の経典とその煩瑣極まる考証資料に依るのみで、自然界の諸般の現象は視野の外に排除されたのである。系統的な実験を行って発見することはほとんど語られる端緒さえなかった。中世において西洋のスコラ哲学は自然科学を神学の奴婢に変えてしまったが、清代のスコラ哲学——経学は暦法算学を儒学の奴婢に変えてしまった。「西学東源」論の盛行は、儒学体系の羈絆からの解放こそが、中国の伝統文化が新しい方法論と認識論を吸収し、自己を更新させる決定的なカギであることを説明している。

それでは実際に清の前期に中国の古代思想文化の中でその内容が西洋に伝わりかつ一定の影響を与えたものがあったのだろうか。

ヨーロッパは、早くに中国の絹や火薬や磁針と接触していたが、中国の文化思想にたいする理解は曖昧模糊としたものであった。儒学の思想理論、中国の歴史が大量にヨーロッパに紹介されたのは、一五九六年マテオ・リッチが中国内地の南京などの地に到達してからのことだった。十七世紀イエズス会の宣教師が翻訳した『五経』『四書』とかれらが編纂した幾種類もの『中国歴史』『孔子伝』等はそれぞれラテン語、英語、フランス語、ドイツ語によりヨーロッパで出版された。最近の人の研究には、これらの本の訳者、編者、書名、出版時期がはっきり記載されている。(13) 儒学は理性を重んじ、人文を尚び、人間の道徳修養を強調するとして、十八世紀フランスの啓蒙運動の思想家ルソー、モンテスキュー、ヴォルテール、ケネー、ディドロなどの人びとから重視された。モンテスキューの『法の精神』、ヴォルテールの『風俗史論』はいずれも儒学の典籍と中国の歴史に言及している。『史記・趙世家』の公孫杵臼・程嬰が命を捨てて趙氏の孤児を立てたエピソードはヴォルテールが賞賛した中国の倫理道徳の一事例である。一六五八年マルティーニの『中国歴史』がミュンヘンで出版され、聖書の真実性に動揺が起こった。『中国通史』では中国の歴史が伏羲から始まったと述べている。伏羲がすでに洪水以前にいたということは『聖書』に問題があることをはっきりと示している。啓蒙思想家たちは、かれらが理解した儒教理論と中国の歴史文化を武器として利用し、教会反対、封建専制反対の闘争を推し進めた。ドイツの哲学者ライプニッツは、大きな情熱を持って中国の思想文化を研究理解し、中国の文化とヨーロッパの文化を比較し論評した[14]。ライプニッツは、自身の発明した、今日のコンピュータ技術においてきわめて重要な二進法の数学体系が『易経』の陰陽八卦からヒントを得ていると率直に語っている。かれはある人への手紙で、中国の皇帝と士人は伏羲の発明が浅薄なものでないことを知っていたはずで、人びとはこの点から古代哲学の起源について注意をむけるべきであろう、と述べている。多くの事実が明らかにしているように、儒学の典籍、中国の文化は、イエズス会宣教師を通じてヨーロッパに伝わり、西洋思想界に深い影響を与えたのであった。

中国から西洋に伝わった思想文化の中で「西学」として再び故郷に戻るという奇跡を起こしたものはあるのだろうか。イギリスの学者ジョセフ・ニーダムは自分の研究から唯物弁証法の起源は中国にあり、イエズス会宣教師によって西欧に紹介され、マルクス主義者の科学化を経て中国に戻ってきたと考えている。これはひとつの新説である[15]。『易経』『老子』は、人びとがまず挙げることのできる豊かな素朴弁証法の思索の内容を含んだ典籍である。これらは当然哲学者や科学史の専門家から重要視され、深く掘り下げられてしかるべきだ。ジョセフ・ニーダムの議論は、引きつづき研究の必要がある。それは相応の根拠がある。しかしたとえこれが事実であったとしても、それは清の経学家の「西学東源」説とはまったく無関係である。かれらが言った「中国に起源」のある西学と言うのは、疇人とか方術の類のことであり、そのうえ時代も異なっている。

注

（1）兪樾『詁経精舎課義第八集』序言

（2）皮錫瑞『皮鹿門学長南学会第二次講義』『湘学報』第六号または『師伏堂未刊日記』

（3）皮錫瑞『皮鹿門学長南学会第四次講義』『湘学報』第廿一号

（4）廖平『経学四変記』三ページ

（5）廖平『知聖篇撮要』『家学樹坊』一四ページ

（6）葉徳輝『明教』『翼教叢編』第三巻　三二ページ

（7）葉徳輝『読西学書法書後』『翼教叢編』第四巻　六八ページ

（8）王仁俊『実学平議』『翼教叢編』第三巻　一七、一八ページ

（9）孫詒譲『周礼政要』序

（10）梁啓超『清代学術概論』朱維錚校注『梁啓超論清学史二種』七一

（11）中国科学院自然科学史研究所編『銭宝琮科学史論文選集』一五三、一六三、一六四、一六五ページ　科学出版社　一九八一年

（12）『アインシュタイン文集』第一巻　五七四ページ　商務印書館　一九九四年

（13）閻守誠編『閻宗臨史学論文集』二一六～二一八ページ　山西古籍出版社　一九九八年

（14）ライプニッツ『最新中国情報』『中国哲学についてド・レモン氏に宛てた書簡』夏瑞春編『ドイツ思想家中国を論ず』一～二〇ページ　江蘇人民出版社　一九九五年

（15）賓宗儀著　劉成有訳『儒学とマルクス主義』中国語版序　蘭州大学出版社　一九九三年版より引用

Ⅳ、近代経学の末路。二千年来の儒学支配の終結

（辛亥革命から五四運動まで）

辛亥革命後まもなく、中国思想界に極めて大きな変化が起こった。五四新文化運動は、ブルジョア民主主義の新思想、新道徳、新文化を大大的に宣伝し、封建主義の旧思想、旧道徳、旧文化を批判し、思想界に全く新しい状況をもたらし、これまでにない成果を生み出した。封建文化の中核である経学は、もともとすでに根本から揺らぎ、当時八方ふさがりの状態にあった。

一、今文、古文両派の学者とその著作

康有為、章炳麟、廖平はこの時期ひきつづき経学の著作に従事していた。今文、古文の両派の中で、以前は表立って活動していなかったが、この時期或いはやや後に著作が有名になったのは以下の人たちである。

崔適（一八五二～一九二四）、字は懐瑾、または觶甫、浙江省の呉興（現在の湖州）出身。青年期に兪

樾から教えを受け、後に学派を変え今文経学を研究するようになった。北京大学教授。著書に『史記探源』『春秋復始』『論語足証記』『五経釈要』などがある。康有為、廖平以降の今文派の主要な著作家である。

呉承仕（一八八一〜一九三九）、字は検斎、安徽省歙県の出身、清光緒年間の挙人、章炳麟に師事し、古文『尚書』を研究した。北京大学、北平中国大学、天津南開（学校）などの教授を歴任した。中国共産党員。抗日戦争時期、天津で非公然抗日闘争を堅持し、日本軍に殺害された。著書に『「尚書」集釈』などがある。

銭玄同（一八八七〜一九三九）、字は徳潜、浙江省の呉興出身。日本に留学し、章炳麟について古文経学、音韻学を学ぶ。北京大学、北京師範大学教授。『重論経今古文問題』は、かれの経学を講じた主要著作である。

二、経学研究における思想、主張

今文学の状況は次のとおりである。康有為は辛亥革命以後、十六年間存命したが、経学を専門に論じた著作はない。辛亥革命勃発以後、かれは「中華救国論」を主張し、その中に大同・小康といったたぐいの言葉をすべりこませている。その目的は共和制度に反対することにあった。かれは「『春秋』

では撥乱の後、升平、太平の世に至り、『礼記』では小康から大同共和主義に進む」と言っている。共和制度で重んじられるべきは、道徳、物質であり、政治ではないとし、もしこの制度を誤って用いれば、それはとりもなおさず暴民政治となり、国を亡ぼすことになるという。[1] 一九一七年、かれは張勲の復辟運動に参加して失敗し、アメリカ公使館に閉じこもり、『新学偽経考』を再版して、『偽経考』と書名を改めた。この本には「後序」がついていて、そこでは「偽経を弁じて真経を得る」ことが強調されていた。一九二〇年、一九二二年、かれは自ら「題記」を加え、『孔子改制考』を再版した。これらはいずれも旧書の再刊にすぎず、すでに現実的な意味はまったくなくなっていた。康有為は、この時、廖平を批判して次のように言っている。廖平は一方で今文を尊び、古文を攻撃しながら、また一方で、『周礼』を尊び、いわゆる「皇帝王覇」の運を講じて、自己矛盾、支離滅裂、脈絡不明確、論理不明晰で、今文と古文を一緒くたにして、自分の言う道とは違うことを企んでいる。ここで言う「道」とは、今文、古文を一緒くたにすべきではないということで、他の意味はないのである。廖平はくりかえし康有為が自分の学術研究を剽窃したと非難しているが、康有為は一貫して沈黙をまもっていた。これは、かれが廖平にたいして行なったただ一度の回答である。

廖平の経学は辛亥革命以後、「天学」「人学」を講じるように変わった。かれの著作の中に収められている経学『五変記』においては、『大学』を人学、『中庸』を天学とし、その他各経典を人学としたり、天学としたりしている。それらの議論の中には、仏教、医学、法家、刑名諸家の言論が取り入れられていて、すでに儒家の経学ではなく、完全な雑家、あるいは何家でもないものとなっている。かれの弟子のある人物は、一九一八年『経学五変記箋釈』を著したが、論じれば論じるだけ意味不明に陥り、言わんとするところがわからない。

崔適は、経学を学び、最初は漢の鄭玄を祖とし、今文、古文に分けなかった。かれは後に康有為の『新学偽経考』を読んで、大いに敬服し、誉めそやした。かれが自らいうところによれば、以前はずっと紀昀、阮元、段玉裁、兪樾などの著作に感服していた。それらの論証は確実であったが、それでも反駁の余地はあった、しかし『新学偽経考』だけは反駁する余地もなく、古今無比といえよう。もし『新学偽経考』がなければ、今文、古文の区別は今にいたるまで五里霧中であっただろう、というのである。(2) かれの『史記探源』、『春秋復始』などの諸書はみな康有為の著書から演繹したものである。一九一六年、崔適は七〇歳近かったが、なお北京大学で授業をしており、『春秋復始』を講義していた。本人の言によれば一生涯の精力を傾けて完成させた書で、その内容は『公羊伝』の分類解釈であり、人びとに孔子の『春秋』の大儀を理解させようとしたものであるという。その中の幾つかの考証は信頼するに足るものである。例えば徐亨『公羊伝疏』に引用されている戴宏の序は、『公羊』の世代伝授を述べているが、子夏が公羊高に伝え、高が息子の公羊平、平は息子の公羊地に伝え、地は息子の公羊敢に伝え、敢は息子の公羊寿に伝え、漢の景帝の時代になって、公羊寿と斉国の人胡母子都（胡母生）が『公羊』を竹帛に書いた、としている。『春秋復始』は反駁して次のように言う。「戴宏の序には公羊氏の系図と人名が載っているが、どうして前人が知らないことを後人が知っているのだろう。さらに『仲尼弟子列伝』『孔子世家』と『十二諸侯年表』『六国年表』『秦本記』、漢の諸帝の記を合わせて考えると、子夏は孔子より四十四歳歳下で、孔子が襄公二十一年に生まれたとすると、子夏は定公二年に生まれたことになる。景帝の初めまで三四〇年余り、子夏から公羊寿氏まで五世代におよぶとすれば、公羊氏は代々六〇余年ということになり、それに父はすべて長生きし、息子はみな聡明ということになる。そんなことがあり得るなどと信じることができようか」[3]。

五四運動以降、今文経学の成果を強調した銭玄同は、康有為、崔適が劉歆の古文偽造をあばいたことは、その考証学上の価値は閻若璩の『古文尚書疏証』に比べ、過ぎることはあっても及ばないことはないと考えていた。『史記探源』は康有為の『新学偽経考』の論点をつきつめて深めたものであり、おおよそ『史記』にある「古文」という二字と古文の説と同じ部分は、ことごとく劉歆あるいは後の人が改竄したものである、と崔適は指摘している。周予同は、崔の著書は康有為が論じなかった多くの見解があると自慢しているが、その文章はあまりにも簡単にすぎ、根拠を列挙して反対者の批判を封じることはできず、また方法論の面においても、独断すぎる欠陥が多いと評している[4]。崔適は自分の業績は今文古文の真偽を判断することにあるとしており、銭、周の評論もこの方面から論述したものである。崔適の研究は書籍の上の議論に限られており、現実の思想、論理の問題には及んでいない。

古文学の状況は次のとおりである。一九一三年、章炳麟は『自述学術次第』を書いた。その内容は十章に分かれていたが、経学に関する記述は簡単で短い一章のみである。主な部分は章炳麟がもっぱら古文を治めたことを述べ、今文、古文を兼ねて講じた馬融、鄭玄についてもあまり評価していない。同年、かれは北京で人びとを集めて講義をしたが、その内容は小学、文学、史学と玄学であって、経学を単独には講義しなかった。一九一四年、章炳麟は袁世凱の軟禁下で、『訄書』を増訂して、『検論』と改称し、『易論』『尚書故言』『春秋故言』などの編目が加えられた。これらの著述はすべて今文学派と論争を継続するためのものではなく、先人が述べなかったことを述べ、「先聖」の「故言」を明らかにするためのものであった。『訄書』の重印本にもともとあった『客帝匡謬』『分鎮匡謬』『解辮髪』はみな削除されている。『検論』の改訂は明らかに「国故」を加え、戦闘性を抑えたものとなっていた。

魯迅が、戦闘的な文章は章炳麟の生涯の最も大きな長く残る業績ではあるが、著者みずからが、学術の結晶、儒学の精髄といっているようなものではない、と述べているのは、まさにこのような事情を指している。

章炳麟の晩年の経学の著作には『太史公古文尚書説』『古文尚書拾遺』『春秋左氏疑義答問』があり、また書信のなかに経学に関する論述がある。これらの著作には、きわめて重要な論点が含まれている。例えば孔子は述べて作らず、『春秋』は魯国歴史を編纂したもので、加筆したり削除したりしたところはほとんどない。他人の言説を誉めたり貶したりすることは孟子から始まった。孟子は「孔子が

『春秋』を著したことで、乱臣賊子が恐れた」と述べている。これは『春秋』がまさに乱臣賊子のために作られたことを述べているのではなかろうか。およそ昔の人が歴史を書くのは、君子に献上するために書くのであって、平民に見せるために書いたのではない。司馬光が『資治通鑑』を書いて宋の神宗に献上したのは、その証左だというのである。(5) 章炳麟はこうも述べている。『春秋』は経であって、史ではないと考えるのは、近頃の経学者の遁辞である。『春秋』が孔子の著作のなかで、有名になったのはごくおそい時期であって、講義の時間は短かった。それはただの歴史であって、性や天道と関係するものではない。どうしていわゆる微言などいえようか、というのである。これらの見解はいずれも非常に鋭いものであるが、まとまった記述ではなく、新たな体系を成すものでもなく、ましてかれの以前の戦闘とはなんら関係のないものであった。

呉承仕は『尚書』における古文と今文の異同を研究し、古文『尚書』、今文『尚書』いずれも原本は古文であったが、伝習されたものはすべて今字となったとした。これは龔自珍の今文、古文の説とかなり近いものである。これも古文研究が当時の思想界となんらつながりをもっていなかったことの反映である。

今文派と古文派はいまやどちらも、新たな思想認識を提起して、人びとの注意を喚起することはなかった。より重要なことは、今文派、古文派は孔子の評価において一貫して明確な境界をもっていたが、このころにはこの境界が消滅に向ったことである。今文派は孔子を六経を著した大聖人とし、古文派は孔子をただ六芸を伝え広めた歴史家にすぎないとみなしていた。今文派はかれらの観点から出発して「紀孔」を要求し、古文派は「紀孔」に反対し、ただ客観的評価を与えるべきだとのみ主張した。辛亥革命以後、古文派と今文派はこの問題について最後の闘争を展開した。

一九一二年、康有為は国外からかれの弟子である陳煥章、麦孟華に手紙を書き、かれらに上海で孔教会を組織するように要求した。一九一三年、康有為は雑誌『不忍』に『孔教会序』『以孔子為国教配享天壇義』などの文章を発表した。かれはさらに私的な『憲法草案』を提出して、孔教を国教と規定し、孔教があってこその中国であり、孔教がなければ中国もないと強調した。梁啓超は早くも一九〇二年、康有為の孔教開教の主張に反対し、「保教党」に対して断固とした反駁を加えた。一九一三年六月、袁世凱は各省に尊孔祭孔の命令を出した。同年八月、陳煥章、夏曾祐などは孔教会の名義で臨時の衆参両議院に孔教を国教にすることを請願した。梁啓超もその中に名前を連ねていた。各地の尊孔団体は次々に活動を開始した。

同年一二月、章炳麟は『駁建立孔教義』を発表し、康有為などの主張を反駁した。かれは次のように言う。中国にはもともと国教などなく、孔子の中国における地位は「保民開化」(民を安んじ、知識を広める)の先駆者であり、教主ではない。孔教はもともと前時代にはなかったものであるから、今日廃す廃さないという必要はないし、孔教は廃棄したことがないので復活もありえない。学校で礼を重視することは、当然のことである。「宗教を開教すると、知恵の門が閉じ、清寧の紀を乱すことになり、其れはよいことではない」[6]。また他の文章では章炳麟は自分の論点をさらに一歩進めている。かれは言う。中国にはもともと国教はなく、孔子というのも宗教に関係ない名称である。孔子が六芸を称揚したのは、ただ歴史を伝播するためであり、『孝経』『論語』を書いたのは、ただ儒術を創出するためであって、宗教とは何の関係もない。現在の孔教という名称は妄人康有為が始めたものであり、今文派の指導者が流布した害毒のあらわれである。劉逢禄、宋翔鳳などは、通経致用などと当たり障りのないことを口先だけで言い、文章に残すことをさけている。かれらは古文『周礼』が周公から出たものであることから、儒術が周公、孔子に通じる名称であることを嫌い、ことさらに孔教という言葉を持ち出したのである。これは宋儒の「道統説」と比べてもさらに狭隘であり、誤謬はさらにはなはだしい。またこうも言っている。近世の今文家、たとえば王闓運などは、墨家の巨子は矩子であり、「矩」は十字架である、また「朋有り遠方より来る」の「朋」は鳳凰のことであって、鳳凰が遠方から飛んでくることであると考えている。廖平は『論語』の「法語の言」（子罕第九ノ二三）はフランス語（法語）のことである、「君子之道斯為美」（学而第一ノ一二。通行本は「先王之道斯為美」）はロシア（俄羅斯国）が一変してアメリカ（美国）となったものであるとしている。「有馬者借人乗之」（衛霊公第十五ノ二五）は、孔子以前に通用していた音標文字で馬とは番号（嗎）であり、「乗」は乗除であると解釈している。こうした解釈はあまりにも荒唐無稽なもので、話にならない。この調子で解釈すれば孔丘《コンチウ》は空虚《コンシュウ》と解釈されてしかるべきで、そのような人物は存在せず、歴史上伝えられた人物や事跡などはすべて孔子の敵対者であった陽虎が捏造したものであると考えても何らおかしくはないであろう。今文家の教えや、それを学ぶものは学術を滅亡させ、人を狂人か怪物に変えなければおさまらないのだ。[7]これらの言辞から、双方の論争が如何に激烈であり、妥協の余地がなかったかがうかがえる。しかしながら、その後まもなく古文派と今文派は尊孔問題において、一変して完全に一致することになる。

今文派においては、康有為が孔教開基を必死に鼓吹していた時、廖平もまた孔子の書のみを尊ぶことによって、全地球上の混乱が鎮まると主張しつづけていた。一九一三年、廖平は『坊記新解』を著して以下のことを主張した。春秋時代の中国は禽獣から野人の段階に進み、昨今の海外の水準とほぼ同じであり、そこで孔子は乱を鎮めて正常な状態にもどして、礼教を制定し、人びとを導くことによって、夏が周辺の未開部族を変えたように、人びとに自分が禽獣と異なることを悟らせた。秦漢時代から今日にいたる二千余年、人倫礼教はあまねく存在している。これは至聖孔子のたまものである。西洋の風俗が東方に浸透し、新学説に追随する人びとは旧礼教は完全に無用のものであるとして、捨ててかえりみない。これは未開部族によって夏を変えることに他ならない。進化の観点をもって見れば、必ず「独り孔子の書を尊ぶことによって、全地球の乱を鎮める」ことが必要である。なぜなら孔子の孔教は外国に対しても適応でき、中国一国にとどまるはずはないからである。[8]廖平は、同時にまた『倫理約編』を著して、いくつかの西洋の事物、人物の言論を羅列し、『公羊』が乱を鎮め、正常にもどした話をこじつけ、中国倫理の優越性を宣伝した。廖平の弟子たちは、かれの語録形式の文章を「尊孔第一の奇書」と褒めそやした。廖平は一貫して独尊孔学を堅持して、孔学をもって全地球の乱を鎮めようと考えた。さらに孔子をいわゆる万世の師表であると見なして、その説を拡大し、地球以外の他の星のためにも法を立てたとさえ主張した。廖平が口から出任せをいう原因は一つにとどまらない。先ずかれは封建主義の立場に立ち、頭の中が封建主義文化の奇怪な幻想と虚構に満ちあふれていたため、全力をあげてそれらの幻想と虚構を宣伝した。悲しむべきことに自分が現実世界からいかに遊離しているかということを知らなかったのである。第二は今文経学特有の怪異性で、孔子と孔学を神格化することである。今文学は董仲舒から始まるが、この時すでにシャーマニズム的傾向を帯びていた。廖平はこの点において今文経学の伝統を保持、発展させた。第三は中国は外国の侵略を受け、一部の人びとは民族の自尊心を失っていた。これが廖平をして封建文化という武器を用いて外来文化と対抗しようとさせたのである。「至聖を尊んでこそ、ばらばらになった人びとの心をまとめ、強大な外国の侮りを防ぐことができる」[9]というのである。かれの方法は一方では孔子を限りなく持ち上げ、一方では世界資本主義文明をただただ低くみなすというもので、荒唐無稽で、道理が通っていない主張である。かれは繰り返し尊孔を説くばかりで、学術思想において、なんら採るべきものをもっていなかった。

　古文派においては、主要なことは、章炳麟の学術思想が、後になればなるほど後退し、最後には、孔子を改竄し、孔子に反対したことを悔い、孔子を敬い、その書を読むことを主張するように変わったことである。

章炳麟は『諸子学略説』で、老子が収蔵していた旧書籍を孔子に騙し盗られたと述べていた。一九一〇年、ある人が出典を問いただしたところ、かれは、老子の収蔵する旧書籍を孔子に騙し盗られたというのは、憶説ではないと述べ、根拠を列挙し弁明している。一九二二年になって、章炳麟は一八〇度の方向転換をした。その一年前、南京高等師範学校教授柳詒徴が、諸子学について述べた文章の中で、名指しで章炳麟を批判した。その中で、章炳麟が「孔子を謗り」、『諸子学略説』などの文章を作ったのは、まったく主観に基づいており、憶測を逞しくして、足を削って履物にあわせ、ありもしない説をでっちあげて、孔子に平和を乱す罪名をきせたものである、と述べた。そして当時の孔学の衰退は章炳麟等の罪であるとした。柳詒徴のこの鋭い批判にたいし、章炳麟は反論しなかっただけでなく、逆に一九二二年『致柳翼謀書』を発表して、公に自己批判し、柳詒徴の批判を完全に受け入れた。章炳麟は、大著に「論駁された自分の旧説、孔子が老子の蔵書を騙し盗り、発覚を恐れたなどというが如きは、十数年前の身の程をしらないでたらめな論であった、『弟がいれば兄が嫉妬して啼く』(『荘子・天運篇』)を以て、「逢蒙が羿を殺す」(『孟子』)の談を作り、みだりに聖哲を疑い、ことここに到る」。「先生は過ちを厳しく戒める。これ我が心なり、感謝、感謝[10]」と述べている。この書簡の中で、章炳麟は、孔子を改竄して、孔子に反対した旧説はとっくに放棄し、語るのをやめたが、今になって思い出して後悔しても手遅れである、願わくば道を同じくする者が青年後進を導いて、質朴に引き戻し、ひたすら新学説に追随して軽佻放縦に流れることのないようにしてこそ、孔学にとって有利になる、と述べている。章炳麟は若い時、「激して孔子を謗り」「保皇」の今文学と対抗したが、年をとってからは転向して孔学を擁護し、かれが以前断固として反対した者を擁護した。この鍵となる問題において、古文派と今文派の境界は実際上もはや存在しなくなったのである。この時、五四新文化運動は引続き発展しつつあった。この思想運動においては、孔学を批判し、新思想を推進することと、孔学を擁護し、封建主義旧思想を擁護するという二つの立場、二つの陣営は真っ向から対立していた。章炳麟は思想闘争において新陣営側に立つのではなく、後退して旧思想陣営側に立ち、新思想運動が前進しようとする車輪をさえぎったのである。

尊孔をとなえる者は必然的に孔子の経典を読むことを主張し、孔子の経典を読むことなしには尊孔はないと主張する。一九二五年から二七年にかけて、大革命が南方に勃発、発展した。軍閥支配下の地域では、孔子の経典を読もうという呼び掛けが人びとの鼓膜を震撼させたが、同時に学術研究者の大きな抗議をも呼び起こした。一九二六年、周予同は『僵屍的出祟』(ミイラのたたり)という文章の中で論じている。「もし君たちが頑強に盲目的に孔子の経典を読むことを提唱するならば、私は敢えて預言者になり、大声で言おう。経典は神霊ではない。苦難を救ってくれる神霊ではなく、ただのミイラである。古代の衣裳をまとったミイラである。それは恐ろしい手をさしのべ、君たち或いは君たちの子弟に不測の災難をもたらすであろう」[11]。これらの議論はまさしく、五四運動以降も一部の人が依然として孔子の経典を読むことによって、中国の社会問題を解決しようと主張していたことを示している。その中にはほかでもなく康有為、章炳麟がいた。

章炳麟は晩年何度も孔子の経典を読むことを宣伝して、孔子の経典を読むことによって国を救うことができると主張した。一九三五年、かれは『論読経有利而無弊』（読経ハ利有リテ弊ナシ）という文章の中で、述べた。「私は国民に今孔子の経典を読むことは千の利があり、一の害もないと敢えて告げる」[12]。儒家の学問は己を修め人を治めることに他ならない。経典に書かれていることで己を修め、人を治めることでないものはない。中国民族の精神はこの経書の中に収められている。私自身革命にかかわり、深くさとったのは、民国が建設できたのは、人びとの脳裏に「反満復明」の思想が収められていたことによる。経典に述べられている人を治める道は、取捨選択すべきはであるが、国家、民族の性格を保持する上で最も重要である。孔子の経典を読むと頑迷になるなどということは思い過しである。僧侶が仏を学んで邪道に入った例は多くない。私たちはどうして喉がつまるからといって食べることをやめることができようか。また『与人論読経書』（人と読経を論じる書）の中で、近代経学が荒廃したのは、中学以下の生徒が『論語』『孝経』をよく勉強しなかったためである。民国初年小学校で経典を教えることをやめてから、現在すでに二十年たった。生徒は大禹、周公を知らない。「もしこれを改めず、さらに二十年経てば漢族はマレーより未開人になってしまうことだろう[13]」と述べている。かれは青年たちが経典を暗唱するように要求し、経典の編目を列挙して、中学生は五万四千字を学び、高級中学校では十八万字を読みおわり、その後大学に入って漢唐及び清儒の経学を学ぶことを要求する、と述べている。章炳麟は古文経学を講ずることによって反満闘争に参加しながら、変じて孔子の経典を読むことを主張するまでに至った。これはまさに僧侶が仏の道を学んで邪道に足を踏み入れたことではないか。孔子を敬い孔子の経典を読むことにおいて、古文学派と今文学派はついに合流したのである。

注

(1) 康有為『康南海文集』共和編訳局、一九一四年
(2) 銭玄同『重論経今古文学問題』には、康有為『新学偽経考』が付されている。三八三ページ、中華書局、一九五九年
(3) 崔適『春秋復始』
(4) 朱維錚編『周予同経学史論著選集』五三〇ページ
(5) 湯志鈞『章太炎年譜長編』下冊　九二四ページ　中華書局　一九七九年
(6) 章炳麟『駁建立孔教議』『章太炎政論選集』六八八～六九三ページ
(7) 章炳麟『示国学会諸生』『章太炎政論選集』六九四～六九七ページ

（8）廖平『坊記新解』一ページ
（9）廖平『倫理約編』一ページ
（10）章炳麟『致柳翼謀書』『章太炎政論集』七六三ページ
（11）朱維錚編『周予同経学史論著選集』六〇四ページ
（12）湯志鈞『章太炎年譜長編』下冊　九五〇〜九五一ページ
（13）湯志鈞『章太炎年譜長編』下冊　九五〇〜九五一ページ

三、新文化運動「孔家店打倒」の潮流のなかでの経学の支配的な地位の瓦解

古文派と今文派は一致して尊孔を宣伝したが、五四新文化運動による致命的な打撃を受けた。新文化運動は攻撃の矛先を直接孔子に向け、声を大にして「孔家店打倒」を宣言した。康有為、章炳麟らがどのように尊孔を宣伝し、孔子の経典を読むことを提唱しても新時代の潮流の方向を変えることはできなかった。

もともと経学に習熟し、経学を講じたことのある人びともいまや方向転換していた。一九一八年、「もともと漢学の遺伝性をもつ」と称された胡適は『中国哲学史大綱』を著した。胡適は「私は今文も主張しないし、古文も主張しない」[1]と宣言した。『大綱』においては、経学について討論されてきた問題が多く含まれているが、内容は完全に哲学史であって、経学ではなかった。ある評論家は、胡適のあの本は中国思想史を研究するアメリカ人が書いたかのようなものである、思想史以外の問題をその中に入れこんではいない、と述べている。今文も主張せず、古文も主張しないということは、胡適がこの種の経学研究に賛成していないことを示している。

一九二〇年に刊行された梁啓超の『清代学術概論』は経学問題にふれたところが多い。梁啓超は、かれ自身が清代今文学運動の一員であって、それについて叙述しないわけにはいかなかったと明言し

ている。しかし、これは、あくまでも当時執筆していた梁啓超の三〇年前の史料上の梁啓超にたいする批判なのであって、この書は清代の経学、史学、哲学、文学について評述した学術的著作にすぎず、経学を論じた著作とは別のものである。

二〇年代、范文瀾は『群経概論』を、周予同は『経今古文学』などを著したが、かれらは経学を紹介、批評したのであって、今文、古文の論争に加わったわけではない。

三〇年代、銭玄同は『重論経今古文学問題』を著し、康有為の『偽経考』の成果を推奨し、符定一は『新学偽経考駁誼』を著し、偽経説を反駁した。かれらは勝手きままにやっているにすぎず、これら過去の論争について注目する人はほとんどいなかった。

顧頡剛、銭玄同は近代経学の終末を体験した人である。顧頡剛は当時の状況を以下のように述べている。一九二〇年、北京大学を卒業後、銭玄同と知り合いになった。銭玄同は日本に留学していた時期に章炳麟の学生となり、帰国後また崔適の学生となった。銭玄同は今文、古文をあわせ学び、そのどちらにも満足できなかった。かれは何回も私（顧頡剛）に言った。「今文学者は古文の経典が偽造されたものであると攻撃する。これは正しい。古文学者は今文学者が孔子の真意をくみとっていないと攻撃する。これも正しい。我々は今日古文学者の言葉をもって今文学者を批評するとともに、今文学者の言葉をもって古文学者を批評し、かれらの仮面をいっぺんに剥がすべきである」と。その当時、多くの経学者は今文、古文問題の長期にわたる闘争の後であり、私は、これは、非常にするどく、徹底的な批判であり、これこそ玉も環も一緒に打ち砕くという解決方法であると思った。私の目の前の門が開き、二〇〇〇余年来の学術史上の大きな案件に判決を下す法廷に入廷させてもらったような気になった。(2) このような顧頡剛の叙述は、近代経学がゆきづまり、最終段階に達したことを明らかにしている。人びとはすでに、経学という学問にはさまざまな色どりがあったが、事ここに至ってこの先見るべきものがなくなった、と認識したのである。

近代経学は歴史の産物であり、それは、歴史が提起した、完遂しなくてはならぬ任務を完遂したのである。今文学、古文学両派の激しい闘争は、経学の幾重にもかさなる矛盾と不合理性を暴露したのである。この矛盾と不合理性は、その自己暴露によってあらわになるもので、ほかにこれに代わる方法はない。五四新文化運動の『孔家店打倒』のスローガンは、近代経学およびその闘争を過去のものとする、と宣告した。同時に、経学二千年の支配的地位の終焉を声高らかに宣告した。

『六経』及び『論語』『孟子』など儒学の典籍は、もはや特定の支配思想体系に影響を与えることはなくなった。しかし、このことは、決してそれがふるい伝統文化の媒体として、社会歴史資料となり、一定の範囲内における客観的学術研究の対象となることがなくなった、ということではない。歴史学の領域だけから見ても、『左伝』『周礼』の二書、特に『左伝』は、今文経学、古文経学闘争の論争の争点である。『左伝』の基本内容の真偽は古文の真偽の全体にかかわるものである。

『左伝』研究における難問が、一気に解決できるものではないことは、異論のないところである。

しかし、劉歆の偽造説は、現代の研究者によって否定された。楊向奎は『左伝』と両漢経学を分けて研究し、今文と古文の経学の歴史を熟知していた。かれは、劉歆は今文学教育を受け、思想体系上今文学派に属すると考えていた。（父の）劉向は『洪範五行伝』を書き、劉歆はこれに基づいて『三統歴譜』を書いた。これはいずれも今文学の体系である。劉歆は『春秋』をおさめたが、実際には今文学の技法で、古文学の『左伝』を研究したものであった。しかし、かれは決して古文の経典『左伝』を改竄してはいないし、まして「偽学」などと言う[3]ことはできない。楊向奎のこの説は根拠があり、信頼するに足るものである。

楊伯峻は『左伝』研究において、康有為、崔適の観点を論評して次のように言う。「康有為は劉逢禄の『左氏春秋考証』の見解を受け継ぎ、さらにこじつけを行ない、これによって『左伝』などの書を偽書と見做したのである。『新学偽経考』『孔子改制考』などの書は、当時の政治に対する影響については、当然別に議論すべきであるが、学術上の価値においては、いささかも是とするところはない。章炳麟の『春秋左氏伝読叙録』は、一章ごとに劉逢禄を批判したものであって、読者はこの二冊を読んでみるのがよかろう。（原注―章炳麟の『叙録』もすべてが正確ではない）。崔適の『史記探源』と『春秋復始』も康有為の説と同様であって、同じく反駁する価値もない。かれらはただ憶測だけで、拠るべき資料をあげておらず、合理的な理論に基づいていないからである。これは一部の今文学者の通弊である[4]」。楊向奎、楊伯峻は経学、『左伝』の研究に力を尽くした学者である。かれらの見方は現代の研究者の一般的見方を反映している。

今文学派のいう劉歆が古文を偽造したという説は、政治闘争と学術界において波乱を巻きおこした学説であるが、いまとなってはすでに過去のものとなっている。しかし、懐疑的な態度をとり、今文、古文両派それぞれ難点があると見なし、新しい材料が出現するまでは、この問題はなお引続き懸案となっている、とする者もいる。[5] しかし、そうであっても、それは史実の考証上の問題にすぎず、人びとが伝統的思想・理論を認識することとはいささかの関わりもない。数年前湖北省荊門葛店から大量の竹簡が出土し、儒家の資料も少なくなかった。考古学上の推定によれば、竹簡の時期は紀元前三〇〇年であり、戦国時代の中期、晩期にあたる。顔淵、子路、曾子などの人名や『仲尼閑居』という篇名が竹簡に書かれていた。『仲尼閑居』はこれまで前漢の人の作と見なされ、あまり重視されてこなかった。葛店の竹簡はこれが誤りであったことを示している。その他、馬王堆の帛書などみな新たな重要資料である。これらは今後儒学の典籍と中国の古代思想文化をさらに一歩進んで研究、理解する手助けとなるであろう。

注

(1) 胡適『中国哲学史大綱』九八ページ　商務印書館　一九一八年
(2) 顧頡剛『秦漢的方士与儒生』六〜七ページ　上海古籍出版社　一九七八年

（3）楊伯峻『繹史齋学術文集』一三九～一四〇ページ
（4）楊伯峻『春秋左伝注』
（5）馮友蘭『中国哲学史新編』第三冊　二一八ページ　人民出版社　一九八五年

結　語

（1）経学がもともと有する機能というのは、儒学を論述することにあった。儒学の核心部分というのは、小農経済の土台の上に打ち樹てられた血縁関係、身分制度、君権至上の倫理観と支配秩序にかんする教義であった。近代以前、経学の地位の強固さと権威性は、旧時代の経済的基礎と封建的支配地位の強固さと権威性にうらづけられていた。中国が近代において植民地、半植民地半封建社会に陥ると、封建支配はもはや以前のようには機能できなくなった。儒学の権威性も時代の潮流に押し流されるなかで、元来の地位と影響力が変化せざるを得なかった。問題はただどのように変わるかということにあった。

梁啓超は清末思想界の潮流を論評して、当時は主に四つの勢力があったという。第一は梁啓超とその周囲の人びとが提唱した改良思想で、外国の学説を輸入しようというものである。第二は章炳麟の提唱した種族革命であって、考証学を新たな方向に引っ張っていこうとするものである。第三は厳復が紹介した西方功利主義の学説である。第四は孫文の提唱した社会主義であった。かれらこそが思想界の重鎮と言える人びとであった。梁啓超のこの評論は新陣営の立場から述べたもので、事実に符合していた。旧陣営の経学は新思想の伝播する中では、依って立つべきところがなかった。しかし、伝統文化の主流として、経学は、激烈な社会変動、現実闘争の中で、辺縁に立ち、傍観者となり、何も為さずにいるというわけにはいかなかった。

近代経学と当時の政治闘争とは、正反両面から複雑にからみあっていた。今文学は維新運動と結びつき、古文学は二〇世紀初頭のブルジョア階級政治運動と結びついていた。こうした経学の伝播、宣伝は、それぞれの運動の知識界における影響をさらに拡大し、精神的力量を増していった。経学の封建的イデオロギーの特性は、それ自身が自己を改造し、激しく変化するとともにその変化が続いている社会生活の要求に適応することができないものであることを決定づけた。だが同時に、風向きを見て、動き、するどい現実闘争のなかに加わっていくようにはなった。このことは、その封建性と民族性が分かち難く深くかかわっていることを物語っている。経学の封建的正統性を見ようとするならば、経学の民族文化の面での特殊性をも見るべきである。封建文化の中の民族的内容を排除しては、今文学、古文学がそれぞれ一時的にも歴史における進歩的運動と関係をもった事実を解釈できなくなる。中国は近代において民族的独立を失い、社会生産に遅れをとった。この二つの基本矛盾の顕在化は、一切をことのほか複雑に変化させてしまった。近代経学の地位を評価するにあたっては、この状況に注意をはらわなければならない。

旧陣営から見れば、経学は新思想の伝播に大きな影響を与えるものであった。近代経学が大いに行なったことは旧思想の桎梏《しっこく》を取り除くことであった。近代経学の鼓吹宣伝は、意外なことにまさに自己を啓発し、自己を否定することになった。康有為の『新学偽経考』および廖平などの著作は、みなこうした役割を果した。『新学偽経考』が今文は真で、古文は偽であると宣言したことは、二千年来のイデオロギー領域の最高権威をはじめて大きく揺るがし、まさに超大型台風と形容されるにいたった。辛亥革命以前の章炳麟の著作、劉師培などの一部の文章もこのような役割を果たした。かれらが古文を真とし、今文をでたらめと見なしたことにより、経学の地位は再度打撃を受けざるを得なくなった。全ての外部の学説では、誰も経学自身にかわって、この点を暴くことはできなかったのである。自己否定とは同時に自己の存在価値を獲得することでもある。「新」を立てようとすれば「旧」を打破する必要があり、「新」思想を立てようとすれば「旧」思想の桎梏をのぞかなければならない。康有為、梁啓超、章炳麟はいずれもこうしたことを行なったのである。

（2）経学は中国の封建階級のイデオロギーであるので、近代経学に漠然とした形でも民権、平等など西洋ブルジョア階級のスローガン、字句が出現すると、人びとは蜂の巣をつついたようになった。今文経学が維新運動において、大騒動を引き起こしたのは、民権、平等思想を持ち込んだことと切り離すことができない。まさにこうした理由によって、康有為は「孔子の顔をして、夷狄の心をもつ」という大罪をきせられたのである。古文経学が辛亥革命以前に一部の人の注意を引いたのも西洋ブルジョア階級民族主義を吸収したことと切り離すことができない。まさにこうした理由によって、章炳麟はブルジョア階級民主革命の重要な理論家になったのである。ここで、近代経学はそれでもなお依然として封建階級のイデオロギーなのかどうかという問題が発生したように見える。

近代経学は形式と内容に多少の矛盾があったとはいえ、その封建主義イデオロギーの性質を変えることはなかった。こうした矛盾が出現したのは、中国の半植民地半封建社会特有の時代環境、社会矛盾を反映したからにほかならない。経学を講じる主要な人物の主張は、経学議論において依然として儒学の体系、封建イデオロギーがブルジョア階級イデオロギーを圧倒していたことを明確に示している。張之洞は経学を論じ、西洋の学問をも語った。かれは「旧学を体となし、新学を用となす」ことを主張し、綱常秩序、孔子学説の体系を変えてはならないと強調した。廖平は経学を論じ、積極的に西洋の学問を引き合いに出し、儒学が最終的に地球全体を支配するであろうという幻想の中で、一生を過ごした。康有為は西洋の学問を講じ、維新運動を起こしたが、かれの著作は依然として孔子を尊び、経典を尊ぶというものであった。皮錫瑞は経学を論じ、西洋の学問も論じたが、まず中国の学問に通じてこそ西洋の学問を利用できると強調した。章炳麟はある時期に孔子を非難したものの最後は孔子を尊び、経典を学ぶという昔の道にもどってしまった。しかし、それでも、彼を封建イデオロギーの代表者であるとはいえない。事物の矛盾する両面には、主導的地位を占める一面もあり、主導的な地位を占めない一面もある。近代経学の中で主導的地位を占めたのは、封建主義的綱常倫理と儒学の名分と教化およびその全体系であって、民権、平等といった観念ではない。民権、平等の観念の出現は、論争の火に油を注ぐ結果になり、爆発的な効果をもたらした。しかし、それはとうてい封建的イデオロギーに匹敵するものとは言えなかった。経学の性質は変わらなかったし、また変えることもできなかったのである。

中国の近代社会は過渡的な社会であり、新旧が重なり合うものであった。伝統勢力は頑強であったが、結局は時代環境に抗しきれなかった。近代経学においてこのように新旧相まじる現象があらわれる理由は、写真と同じように、伝統的なものと西洋から伝来してきたものが一枚のネガに二重写しになったためである。それはある側面から近代中国の過渡的社会の特徴を反映したものである。

（3）孔子の学説の基本内容は、直接社会の現実と向かいあっていたものである。これは孔子の学説の大きな長所である。同時に、孔子は、礼楽の崩壊した乱世に生まれ、周礼の回復を求め、「異端を攻《おさ》めること」に反対した。このことはまた孔子の主張を復古的にさせ、思想を閉鎖的にさせた。一方には現実的精神があり、一方には復古主義と、自己閉鎖がある。儒学のこのような性格は、同じ遺伝子をもつ近代の今文学、古文学にも共通する性格である。

近代経学は、清代正統漢学のように、現実生活との接触をひたすら恐れたわけではなかった。龔自珍、魏源からすでに、原始儒教の現実精神が現れはじめていた。維新運動における今文派、辛亥革命前の古文派は、この長所をさらに一歩すすんで発揮していた。今文派、古文派は、それぞれ孔子と儒学の評価によって自身が現実に対して如何に積極的であるかを表明した。今文学派は、孔子は現実生活にきわめて関心をもつ人物で、積極的に救民を主張し、改革を主張したという。その改制の主張は過去百世にさかのぼり、未来百世まで影響する。孔子があたふたと東奔西走したのは新社会を創造し、苦痛に苦しむ人びとを救うためであった。かれがこつこつと六経を著述したのもこれと同一の目的をもっていたからである、と言うのである。古文学派は、孔子は歴史家であり、かれは当時の時代に関心をもち、また後世にも関心をもった、と言う。孔子が『春秋』という歴史書を修訂したのは、社会の現実秩序の中で発生する混乱に対して乱を鎮め正常な状態にもどそうとしてのことであった。孔子が『春秋』で一貫して明らかにしようとしたことは「夷夏大防」（未開と中華の境目）の大義で、これこそ後に中国の民族精神を支える不朽の支柱となっているというのである。歴史上四方から夷狄が侵略してきても「国性を落としめず、民に自らが夷狄より貴いことを知らしめることは、『春秋』以外の何によって可能だっただろうか」と章炳麟が強調しているのは、この意味である。現実の実際意義に関心をもてば、矛盾の中に身を投じ、現実を改造せねばならなくなる。維新運動中の今文派、辛亥革命前の古文派はまさにこのようなものであった。かれらは一方は「改制」「開新」を提唱し、一方は「排満」「革命」の旗を掲げた。かれらはいずれもいたずらに空言を労したのではなく、ある範囲内で大衆運動と一つにつながっていた。これは近代経学の最も重視するに足る部分である。

しかし、たちまちに、今文派と古文派はいずれも一転して復古主義、閉鎖的な思想を宣伝するに至った。康有為が孔学を国教としようとするなどとは、かれが「新学偽経」「孔子改制」を唱えた時には、思いもよらなかったことである。章炳麟が孔子の経典を読むことを提唱したのも、かれが「孔子を改革」し、「孔子を誹る」著書を書いていた時には、思いもよらなかったことである。かれらの考え方は異なってはいても、儒学への対応、社会の現実への対応を後退させたことにかわりはない。康有為が張勲の復辟運動に参加して以降、かれの晩年について論究する人はまれである。章炳麟については、魯迅が章氏はもともと車夫のように、足はたくましく、腕も太かった、晩年になっても車夫のようであったが、車の後に回って引き戻すようになってしまった、これは復古主義の悲哀である、と述べている。復古思想の中で、自己を封印するということは、儒学体系の中で最も消極的要素である。日本の学者遠藤隆吉（一八七四〜一九四八年）は「孔子は中国の禍いのもと」[1]であるとしている。復古保守思想についてみれば、まったく根拠のないこととはいえない。

前漢と後漢の経学は明らかに異なり、互いに企図するところが違っている。儒学を解説しても、それぞれ自己の性質により、明らかな違いがある。このことは近代経学の今文派、古文派の性質の違いにまで及んでいる。

前漢の今文学思想は比較的開放的である。そのなかの「大一統」にも三世のなかの「太平の世」にも「夷狄」と「中国」の相互関係を解説したものがある。夷狄は次第に進化して中国となることができ、中国が「新たな夷狄」に変わることもありうる。その境界線は「先王の道」を遵守するか否かにある。言い換えれば「夷狄」と「中国人」の違いは、肌の色や容貌にあるのではなく、文化にある。韓愈はこの説にもとづく『原道』の中で、「孔子の書いた『春秋』においても、諸侯が夷の礼を用ちいれば則ち夷となし、（夷狄が）中国に入れば則ち中国とする」と述べている。アメリカの学者ラティモア（Owen. Lattimore）はこれを「数千年前、孔子は一つの公式を発明した。夷狄の服を着た者を夷狄と見做し、中国の服を着た人を中国人と見做す[2]」と翻訳した。これは非常に具体的である。文化を以て「中国」であるか、「夷狄」であるかわけるという考え方は、中国の民族の融合に有益である。三世が進めば進むほど文明も進む、改制、変法もともに開放的思想である。しかし大きな欠点がある。それは神学を宣伝し、超自然的な神性の助けをかりて社会の生活秩序を解説しようとすることである。今文学のこのような性質は、大々的に儒学の本来の面目を変えるものであった。近代今文学は前漢の今文学の開放的な思想を十分に発展させたが、その中の神秘性、大雑把な性質も受けついだ。近代今文学は近代社会の実際の環境に基づきさらに大きく儒学の姿を変えた。近代今文学はこのようにして自己の性質を示したのである。後漢の古文経学には哲学的思想が欠如していた。それは儒学の原意を探求理解し、典章制度を考証し、文字を訓詁したが、その目的は儒学の原点を回復することにあった。だが末流にいたり、社会の現実から完全に遊離する結果となった。このような古文学の性質は、全体的にいえば、儒学に何かを加えるというものではなかったが、孔子の学説を別のものにかえることもなかった。近代古文学は、後漢と清代考証学の伝統を保ち、孔子の形象を変えることはなかった。政治的立場は、内部の派閥によって異なり、ある者は「擁清」、ある者は「反満」の態度をとった。近代古文学は自己の性質をこのような形で表わしたのである。原始儒学においては神や宗教といったものはなく、それは中国の主流文化の発展に大きな影響をおよぼした。近代以前および近代の古文学はいずれもこの性質を保っていた。この伝統が現実生活の中において重要な役割を果たしたことは容易に見て取ることができる。

（4）経学が歴史の舞台から退場した後も、イデオロギーの領域は決して空白とはならなかった。「五四」前後、西洋のいろいろな著名な哲学がどっと紹介され、それぞれ自己の学説を宣伝して、影響力を広げようとした。アメリカのプラグマティズム哲学者デューイ（Dewey　一九一七―一九二〇年北京大学哲学教授）、イギリスの論理実証主義哲学者ラッセル（Russell　一九二〇年北京大学客員教授）は、自ら中国に来て自己の学説を宣伝し、一時期、人びとの注目を集めた。マルクス主義が紹介され、討論されたのも新学説、新思想の一つとしてであった。中国の伝統文化にとっては、これら新学説、新思想のすべてが「外来の異物」であった。これらの多くは、専門家以外の知識界には知られないままに、瞬く間に消えてしまった。最後にマルクス主義が中国に広く伝わり、ついに中国固有の文化と結合したのである。その原因は結局、どこにあったのだろうか。

第一に、中国の先進分子は一貫して西方に救国救民の真理をみいだす希望をもっていたが、帝国主義の残酷な中国侵略という歴史と現実が、その希望を打ち砕いてしまった。毛沢東の言った、中国人は西洋に学ぼうとしているのに、「なぜ先生はいつも生徒を侵略するのか」という言葉は、望みの断たれた状況を語っている。西洋資本主義の歩んだふるい道を歩んで中国を救うという方途はゆきずまってしまったのである。

第二に、ロシア十月革命でボルシェビキがプロレタリア階級の指導する政権を樹立し、マルクス主義理論は現実の社会制度となった。中国の先進分子の眼前に新しい道が出現したのである。それはマルクス主義を応用し、社会主義の道を歩んで中国を救うという道である。孫文は「マルクス主義は三民主義のよき友であり」、中国革命は「ロシアを手本にしなくてはならない」と言っている。これは徹底した民主主義者が、マルクス主義の中国の前途にたいする意義を最初に述べたものである。

第三に、マルクス主義は科学的思想体系である。基礎構造と上部構造との関係、生産力と生産関係の矛盾と適合、私有制社会における階級矛盾と階級闘争、社会制度の低い段階から高い段階への発展などにかんするマルクス主義の理論は、深くて明晰である。まず『共産党宣言』の各種訳本や内容の紹介が現れた。中国人は自己の文化背景、現実生活にもとづいてこの思想を容易に受け入れ、半植民地半封建中国の運命を変える闘争の武器に変えたのである。

第四に、マルクス主義と中国伝統文化の中の古典的で素朴な唯物弁証法的思想には通じ合うものがあった。言い換えれば、中国人がマルクス主義哲学思想を受け入れる内在的根拠があったということである。中国古典哲学とマルクス主義哲学はかけ離れた時代の産物であり、まったく異なる社会のイデオロギーであり、まったく異なる世界観と思想体系に属していたが、中国古代の典籍は複雑多様であって、その中の唯物弁証法にかんする思想は、以前から人びとのよく知るところであった。もちろんその形式は中国の伝統的なものであった。

マルクス主義哲学には、互いに連貫する二つの部分がある。一つは唯物論で、一つは弁証法である。中国の伝統哲学には、まず経学のなかに、この両者の科学的要素が流れていた。漢代の人の「実事求是」の思想と『易伝』の中の素朴弁証法がよくこのことを明らかにしている。『漢書・河間献王伝』には「修学好古、実事求是」が提起されている。「実事」と「好古」は関連づけられていて、それは、古代文献を論じることについて述べたものである。しかし同時に、それは、如何に客観的事物に対処するかという普遍的原則を述べたものでもある。先人も現代人も「実事求是」という言葉の含む意味内容について、それぞれ解説したものがあるが、意味の相反するものはない。簡単にいえば、「実事求是」とは客観的に存在する実際から出発して、分析研究を行い、事物固有の客観的法則性を引き出すことである。哲学上において、このような提起が関係するところは重大である。この「実事求是」と、程・朱道学の主観的「理」を客観的実際と見做すことや、ヨーロッパ中世のスコラ哲学の「実証論」あるいは「実証主義」哲学が精神を独立した実体と見なすということとは相反しており、「実事求是」は客観的存在を人の主観意識の外の独立した一義的存在と見なすのである。客観的事物は人の認識の出発点であり、規則性は客観的事物の矛盾運動の中からのみ引き出される。こうしたことから「実事求是」は唯物論の道理を述べたものであり、独創的と言うに値する。清代の考証学は「実事求是」を重視した。先人がこの原則を応用して社会生活を研究したり、自然界のさまざまなことを研究する努力を長期にわたって怠ったことは、原則自体の問題ではない。『周易』には事物の相互矛盾という観念がふくまれており、「変易」は『周易』の基本概念の一つである。『易伝』の中のある記述では、世界には永久不変の事物は存在しないと考えている。「太陽は昇りきれば落ち、月は満ちれば欠ける。天と地の満ち欠けは、時とともに移る」。事物が運動し、変化する所以は、事物そのものの対立面の相互作用に基づくものである。その対立面を陰陽、一剛一柔と呼び、「一陰一陽を道という」。「剛柔相推して変化を生じる」。陰陽剛柔は永遠に相互に推し合い、絶えず自己の位置をかえる。事物はこのようにして自己の相貌、性質をかえるのである。『易伝』の中の素朴な弁証法の観点は、昔から今に至るまで、どれほど多くの人に討論され、解釈され、伝播されてきたかわからない。例えば胡適は、『易』の基本概念の一つは「変易」である、天地万物すべてひとたび成れば変わらずということはなく、すべて時々刻々にそこで変化していく、と言っている。孔子は、滔々と流れる河を目にして、「逝く者はかくの如きか、昼夜を舎《や》めず」と言った。天地万物すべて滔々とながれる水のようにして現在に至り、そして、また過去となる。これが即ち『易』の意味である。あらゆる変動は「動」の字を起源としている。天地の間には、剛性の陽と柔性の陰の二つの原動力がある。それらは互いに衝突し、互いに排除しあって、さまざまな運動を生じ、種々の変化を生じる。万物の変化は完全に自然的、唯物的なものであって、唯神的なものではない[3]。この見解は、多くの近代人の『易伝』の「変易」思想にたいする認識を示している。これと同時に『老子』も運動変化の原則を世界の事物の普遍的原則と見做し、運動変化の来源を事物自身の対立面における相互依存と転化であると見做していた。弁証法思想は同様に明確である。『老子』は『易伝』と形式が違っていて、その中で述べられた「無」と「有」の関係は、具体的で、生き生きとしている。これも同様にどれほど多くの人びとに重視され、研究、解読されてきたかわからない。中国古代の唯物論思想と素朴弁証法は、当然憶測や直感を帯びたものであって、近代科学の基礎の上に打ちたてられたマルクス主義哲学を応用して加工し、これを完全なものにする必要がある。

以上四か条のうち、一、二、三条は主に中国近代社会史と時代環境と闘争の観点から、第四条は、中国の伝統哲学の観点から、マルクス主義が中国の国情に適合したことを述べている。マルクス主義と中国伝統文化の結合は、中国文化の自己革新であり、中国文化の現段階における重要な発展である。孔子学説の支配が過去のものとなり、近代経学が終りを告げたのは、歴史の前進による必然であり、理にかなった不可避的なことであった。それではなぜ五四運動以後、西方のさまざまな新思想、新学説がどっと中国に入りこみ、それがウドンゲの花のようにまたたくうちに消え去って、マルクス主義だけが根をおろし、実を結んだのか。以上に挙げた四か条が、その回答である。

注

（1）章炳麟『訄書・訂孔』

（2）ラティモア『中国簡明史』

（3）胡適『中国哲学史大綱』七八〜七九ページ

『明清論叢』第一輯　紫禁城出版社一九九九年十二月出版、二〇〇〇年六月　姜濤が手稿に基づいて校正、内容提要を付す。

劉大年と『評近代経学（邦訳・近代中国儒学思想史）』

姜　濤

1

一九九九年十二月二十八日、劉大年先生が亡くなった。享年八十五歳。しめやかなその告別式場に、「太行山中で」のメロデイが低く流れるなか、まだインクの香も新しい『評近代経学』と題する薄い冊子（『明清論叢』第一集の抜き刷）が、しずかに参会者にくばられた。これは大年先生が生前みずから最終稿に手を入れられた最後の学術論著である。

『評近代経学』はべつに浩瀚な著作ではない。最終的な決定稿は注をふくめても全文で七万五千字にすぎない。だが、そこには大年先生多年の心血がそそがれている。私の知るかぎり、大年先生が執筆にとりかかってから完成稿を仕上げるまで、十年もの歳月がかかり、比較的に大きな変改は十数回におよんでいる。一九九三年に私が浄書のお手伝いをしたときには、『近代経学述評』と題し、十数万字で、その章別なども最終稿とはかなり違っていた。文章（原稿）をこのように繰りかえし加筆・削除・修正する作業が、八十歳を越えた老人に何をもたらしたかは、言わずと知れている。大年先生自身、『緒言』の冒頭で次のように言っておられる。

「『余は哲学に疲れて久しい』」、これは王国維が彼の愛した哲学研究に訣別したときの言葉である。私も『近代経学』というテーマを取りあげては置き、置いては取りあげること幾たびか、これまで少なからぬ時間と精力を費してきたが、このへんでまずはひとくぎりとしたい。ただし、王国維のようにこれが新しい研究の端緒を切り拓くことになる可能性はあるまい[1]」。

「不吉な予言」とも言うべき言葉自体が、この薄い冊子のほんとうの重さの表白となっている。マルクス主義歴史学の著名な学者であり、多年「書斎における戦闘[2]」の戦士であった人が、なぜ晩年にあのようなエネルギーと時間とを近代経学の研究に費されたのか。そしてこのテーマにどのような「結末」をつけられたのか。このこと自体、歴史学界、とくに近代史を研究する人びとの関心をひかずにはいない。私はここ数年来、多少そのこと（主として若干の関係資料を探したり借り出したりするお手伝い、最近では全文についての比較的詳細な校訂）にかかわりを持ったので、浅学をも顧みず、自分の体得した点を以下にご報告したいとおもう。まちがった点についてはご批判ご叱正をお願いする。

（1）

大年先生の経学とのかかわりは、その青少年時代にまでさかのぼる。

劉大年は湖南省華容県の人。一九一五年八月、多少裕福な読書人の家（土地改革のとき富農と認定された）に生まれた。六歳で小学校に入り、その後はおもに私塾で勉強した。一九二九年から一九三一年にかけて、湘鄂西ソビエト区が華容まで広がり、少年時代の劉大年は積極的に土地革命運動に参加、少年先鋒隊の秘書、総隊長に任じられたことがある。ソビエト区が撤退後、一時やむなく逃避したが、のちにもどって学業を継続、まず農村の師範学校に入り、卒業前に衡陽の高級中学に編入、ついで、長沙に設立された湖南国学専修学校に転入して、一九三六年、この国学専修学校を卒業した。

青少年時代のこのような曲折した経験は、二つの面でその後の劉大年に影響をもたらした。一つは、民族の危機に際して、これに触発され、筆を抛《なげう》って従軍、民族解放、人民革命の闘争に進んで献身したことである。

大年先生は若いころ自分が革命に身を投じた思想的変化の過程を次のように語っている。湘鄂西ソビエト区で三年近くも工作に参加したことで、革命の側について多少理解するようになったが、ソビエトが破壊されたあとは、若干の元の社会関係による軽視と敵視を受けるに至った。学校生活のなかでも私は、つねに革命関係を探すことに意を用いるようになり、若干の進歩的な書物に触れて、共産党に入りたいという考えが、ますます明確になり強固になってきた[3]、と。こうしたことから、抗日戦争勃発後、かれは湖南出身の著名な教育家で革命老人と言われた徐特立（一八七七〜一九六八年）などの手引きによって、一九三八年、陝北の中国人民抗日軍政大学に進学するとともに、同年、中国共産党に参加したのである。これ以後かれは、マルクス主義思想の基礎を確立し、革命に献身する道を歩むことになった。この道とは、現実には戦火立ち登る抗日戦争の前線におもむいて民族解放の闘争のなかで試錬を受けることであった。それはまた、かれらの世代の眼覚めた多くの知識人たちのいずれもが歩んだ道でもあった。

二つ目は、かれがのちに歴史研究に従事して、確固たる知識の基礎を築いたことである。大年先生は自分で次のように述べている。小学校から湖南国学専修学校卒業まで、自分がずっと受けてきたのは基本的には旧式教育であった、そのためいわゆる「国学」を根本的な学問と見なし、湖南から陝北におもむく途中においてさえ、「祖宗立国の根本を忘れるなかれ」と自分に言い聞かせていた、というのである。また、かれより年下の親類縁者たちも、青年時代の劉大年はひたすら学問にはげみ、いつも自分を静かな畑の中の小屋に閉じこめ、ときには食事も人に運ばせていた、と語っている。こうした強烈な「国学」的心情は、盲目的な儒学崇拝にほかならなかったが、陝北に行ってからはむさぼるようにマルクス主義の原著や大量の新しい書物（政治経済学、哲学から外国の歴史までをふくむ）を読み、それ以来、そうした心情は雲散霧消してしまった。その後、中国近代史研究に従事し関連の著作にかかわるようになっても、伝統文化についての深い教養が無意識のうちにしばしば顕われたが、これは青少年時代「国学」研究に専念したときに基礎を固めたためにほかならない。ある意味では、かれの若いころの学問研究の経験が、晩年に『評近代経学』を執筆する「伏線」になっていた、と言えるであろう。

しかし、私の言いたいのは、大年先生が晩年に『評近代経学』を著わしたのは、べつに「古《いにしえ》を思う幽情」が急に起こって故紙の山に埋没したわけではないし、青春時代の「宿願」をつぐなうべく十字架を背負ったわけでもなく、かれの近代経学研究は、完全に強烈な現実への関心によるものであり、また、マクロの観点から出発し、運動のなかで中国近代社会史を認識し研究しようと考えたからだ、ということである。げんに一九八九年十一月、中国の改革解放と現代化の事業が暫時挫折と困難に遭遇し、そのうえ若干の人たちが、アジアの一部の国や地域における経済成長は「儒学を信奉したおかげ」である、と宣伝したとき、大年先生は『人民日報』に『当今世相四首』（原題『見説四首』）という旧体詩を発表し、「結局は儒学は現代化を指導できるのか、それとも現代生活を儒学思想のほうに引きもどそうとしているのか」について、自分の見方を提起しているのである。そのなかの第四首はつぎのようになっている。

一銭一果互相争、(4)現代微言未許軽
泰斗為文呼禍本、(5)青天伝語又時行。(6)

新儒有道推君子、老店無縁拝聖人。

我自沙灘樓下過、可憐徳賽両先生。

（大意。儒教は二千余年来、一銭一果を争い合うようなことをつづけてきたが、現代の微妙な言説には黙過できぬものがある。日本の泰斗は〔日本の社会学者遠藤隆吉を指す〕、孔子は禍《わざわ》いのもと、という文章を書いたが、中国の韓復榘は孔子がまた流行してきた、と述べた。新しい儒学の徒は君子を推す、などと説いているが、古臭い老人〔自分〕は聖人を崇めることとは無縁である。私は北京大学の旧址である沙灘《シャータン》の建物のほとりを通るたびに、あの五四運動のころ徳先生《デモクラシー》、賽先生《サイエンス》を唱えた先覚者に顔向けができない）。

『当今世相四首』は『評近代経学』執筆の動機を直接的に表明している。詩のなかに用いている典據は、のちに『評近代経学』のなかでほとんど用いられている。

『評近代経学』の『緒言』で、大年先生はつぎのように述べている。

「目下中国は現代化建設のさなかに在り、孔子の学説を解説し研究する経学と、人びとが関心を持つ現代化建設のなかのさまざまな問題とは、天と地ほど隔たっている。それをいまになってなぜ引き出して論評するのか。いかなる思想学問にも一定の範囲というものがある。歴史上の思想や理論の論述を、すべて現代の生活に直接結びつけようというのは、最終的には学術研究の否定につうじ、そんなことは出来るはずもない。孔子の思想、理論は中国の最も広範な文化遺産を包括するものである。近代経学の論評は、眼前の問題ではないけれども、儒学の見方、認識の問題に渉るものである。事物とは運動のなかで認識すべきものではないだろうか。中国の近代社会の歴史は激しく変動し、近代経学の状況、地位、役割も急速に変転してきた。この過程において、経学は儒学思想・理論の地位と役割を映し出しているが、これはほかの地点からではは っきり見ることの出来ないものである。

中国近代社会史の基本問題、主要矛盾の闘争は二つある。一つは民族が独立を失ったために、帝国主義侵略の圧迫からの解放を要求すること、二つは、社会的生産が落後したために、工業化・現代化の実現を要求することである。

（中略）

一般的に言って、民族というものが現代化に進むばあい、伝統文化の根底を離脱することはできない。同様に、古臭い、主として停滞社会の生活を反映した伝統を、徹底して清算し批判しなければ、発展創造どころか、近代化も話にはならない。こんにちの中国の現代化は、伝統文化と周囲の環境条件と無縁な状況のなかで進められるのではない。それは伝統文化の根幹を識別すること、そしてそのなかで発展を阻碍する新たな廃棄物は徹底的に清算し批判する、という問題に必然的にぶつかるであろう。近代経学というテーマは、とっくに牙を抜かれているとはいえ、それを現代の手軽な時事解説のように見なしさえしなければ、そこからこんにちに関係する有益な若干の認識が得られる、と私は考えている。(7)」

ここで説明が必要なのは、文中に中国近代社会史の二大基本問題が論述されている、という点である。九十年代以降、大年先生はしばしば次のように述べている。

「中国近代史の研究は、私たちに早くから一つの総括、一つの明確な認識というものを提起している。それは近代中国史の基本問題であって、第一は、民族の独立がないために、外国の侵略、圧迫から解放されるよう求めた、ということ、第二は、封建的支配による中国社会の後進性から、工業化、近代化の実現を求めた、ということ。この総括はさまざまな具体的問題の研究から来たものであって、歴史的事実に合致し、また、われわれが今日の現実を分析、観察するのに役立つものである(8)」。

これは新しい認識を土台として、あらためて編成され統一された中国近代社会の「二つの基本問題」説であり、大年先生が一九九〇年代に中国近代史を研究されて得た最も新しい立脚点である、『評近代経学』のなかでも、この新しい説を何度も強調している。たとえば、維新運動時代の今文学派と古文学派の闘争の中心問題を論述するさいに、つぎのように切り込んでいる。

「中国社会の基本矛盾または主要問題は何か。このとき維新派は、危機感にあふれた言葉で、つぎのように明確に提起した。それは『救亡図存』『維新変法』および『振興実業』のスローガンと要求とである。光緒帝の発布した百あまりの詔令には、政府による鉄道鉱山部門の設立、私人による実業振興の呼びかけ、発明創造の奨励と特許権の設定などをふくむ『実業振興』にかんするものが相当の部分を占めていた。これは、中国社会の基本矛盾または主要問題とは、中国が分割の危機に瀕し、民族は圧迫を受けて、独立・解放を要求していたこと、社会の生産が落伍し、近代化実現を要求していたことをものがたっている。差しせまった問題というのは、民族独立、国家近代化の目的を達するには如何なる道を進むか、にあったのである(9)」。

ここから、「民族独立」と「国家近代化」という二大基本問題が、どちらが欠けてもならぬものとして、大年先生の心中に確立されていたことがわかる。それは、すでに歴史となっている百十年間を新たに見据えた結果であると同時に、実際にも、まさに歴史となりつつある最近五十年の経験と教訓についての総括でもあったわけである。

大年先生は、歴史論文を書くときはかならず「題眼」または「題珠」つまり眼目が必要だとつねづね強調しておられた。かれの提起した中国近代社会に存在する二大基本矛盾または主要問題は、近代経学についていえば、「伝統文化の深層から近代社会史の問題をどう読み解くか」ということであり、これが『評近代経学』の「題眼」または「題珠」となっているのである。その主題は全文をつらぬき、したがって中国近代における迫り来る危機、押し寄せる困難と、一方における日々新しく、不断に変化発展していく時代とを、本質的にしっかりと掌握することになっている。

こんにちの現代化は近代史の継続である、近代経学の歴史的運命は、こんにちの人びとをも啓発するであろう。かくて本書は、「とっくに牙を抜かれ」た題材のようにみえながら、じつは現実的意義を具えていると言ってよい。

（2）

近代それ自体は相対的な概念である。時間の推移につれて、近代史を研究する人たちは、一八四〇年のアヘン戦争の勃発から一九四九年の中華人民共和国の成立までの歴史時代全体が中国近代史の範囲であると、公認するようになった。ただ、伝統思想文化の核心を為す近代経学は、その栄枯盛衰の歴史過程がこの歴史の時代とは完全には重ならないし、重ねることもできない——早くも五四新文化運動の「孔家店打倒」の潮流のもとでその支配的地位を終息せざるをえなくなったのである。

『評近代経学』の全文は時代順に四章に分かれ、近代経学興亡の歴史過程の叙述を進めている。すなわち、(1)今文経学の伝播、思想解放の萌芽（アヘン戦争前夜）、(2)今文経学と古文経学の同時衰亡、認識の停滞（太平天国農民戦争とそれ以後）、(3)今文経学と古文経学の同時興起、学術闘争と政治闘争の統合（維新運動からブルジョア階級革命運動の勃興まで）、(4)近代経学の末路。二千年来の儒学支配の終結（辛亥革命から五四運動まで）。比較的長期にわたる研究対象にたいして、こういう時間区分による研究が、発展変化する歴史のテンポをいっそう良く把握する結果となっているのは疑いない。

＊　＊　＊

近代経学の論述がアヘン戦争前夜から、別にいえば龔自珍・魏源から始められているのは、近代学術史研究にとって一種の共通認識になっており、『評近代経学』もその例外ではない。然るゆえんは、龔・魏と前代の学者とは、異った歴史的条件のもとにあり、かれらの学術も、あきらかにその新しい時代の特長をそなえているからである。

だが、龔・魏について正式に論述する前に、余分とは言えない、いわば間奏曲を挿《はさ》んでいる。『緒言』のなかにかなりの紙幅を費してアメリカの学者エルマンの近著『経学、政治、宗族―中華帝国末期の常州今文学派の研究(10)』を論評しているのがそれである。

エルマンの著作は、清代における常州の二大名門家族を対象として、荘存與と劉逢禄(荘の外孫)を代表とする常州今文学派の形成、その宗族の淵源と政治上の背景を説明するとともに思想史と社会史の「分裂」をつなぎ、そこからいわゆる「経学・宗族・政治の三向互動」が形成されたと力説する。そして著者はつぎのように断言する。「常州の思想史は、儒学が国家または地方の難題を解決しようとするやいなや、自分自身では意識していない社会構造に依拠しなければならなくなることを示している」。「『現代中国』と康有為の思想を強調し過ぎることから、中国と日本の歴史学者は、清代今文経学の性格をけっきょくは誤解してしまったのである」。「われわれは発端と終点とを入れ替えなければならない。……荘存與と劉逢禄は帝国末期の政治世界の舞台の中心に立っていたのだ。これと比較すると、魏源と龔自珍は脇役に過ぎない。……われわれは『康梁』の研究から『荘劉』の研究に転ずる必要がある(11)」。

エルマンの著作は、思想史と社会史の「分裂」をどう解決するか、という問題について、たしかに有益な試みをおこなった。かれの提起した一連の問題と研究の角度も、人びとを啓発した。大年先生は『緒言』のなかでエルマンの鋭さと勇気とを賞めたたえ、「発端を発端として掘り下げる」仕事が「人びとに新しい知識を提供した」ことを十二分に肯定している。とはいえ、エルマンの結論に決して同調しているわけではない。『緒言』は、信頼し得る論証をもとに、つぎのように指摘している。「清代の今文経学発生は、荘存與と和珅の政治闘争に起因する、という説は、排除はできないけれども、疑問点が多く、したがって今なお一つの仮説にとどまっている。エルマンの著作は読む者の感興をさそうけれども、或る特殊な大家族に依りかかった研究だけでは、思想史と社会史の『分裂』を解決することなどは出来ない、なぜなら家族といっても内部は分裂しており、社会に決定的に作用を及ぼす基礎構造ではないからである。儒学が依據している、自分自身では意識していない社会構造とは、当時の社会的生産力と生産関係に結びついた、普遍的に存在する社会の基礎構造以外にありえない」と。

「荘存與と劉逢禄は帝国末期の政治世界の舞台の中心に立っていた」「われわれは『康梁』の研究から『荘劉』の研究に転じなければならない」とエルマン氏が吹聴《ふいちょう》している論点については、事実に即すると、つぎのように考えられる、とするどく指摘する。「アヘン戦争以前と以後と、中国社会の基本矛盾、社会構造には変わりはない。社会の基本状況は旧来どおりであり、支配的地位を占める政治思想学説ももちろん旧来どおりであって……われわれは（エルマンの考えかたが）いずれも歴史的事実による反駁に耐え得ないことを知っている。」「乾隆・嘉慶時代の今文、古文両派の共通点は相違点より多い。すなわち、いずれも書物のうえの文章であって、社会の現実からは離れているのである、近代今文学となると違う。それは近代社会の構造の変化、社会の現実における劇烈な矛盾との闘争を反映している」。乾隆・嘉慶時代の今文学と近代今文学は「もっぱらともに儒学を講じてはいるけれども、その中心のところはそれぞれが時代の産物であった、ということである」(12)。

しっかりと時代の脈搏を押さえ、時代による差異に留意する、これが『評近代経学』のきわだった特長である。

＊　＊　＊

エルマンからは「脇役」に過ぎない、とされた龔・魏は、『評近代経学』ではたいへん重視されている。

龔・魏以前の清代経学については、もちろん説明が必要だ、としている。しかし、大年先生は要点について触れるにとどめ、ただちに近代経学の論述に転じて、つぎのようにいう。

「歴史上、長いあいだ低迷していた両漢の経学は、清代の乾隆・嘉慶年間に突如として盛んとなり、一群の学術界の著名人を生みだした。それは、或る特定の社会政治環境の産物であると同時に、学術思想の変化自体の或る種の法則を反映したものでもあった。乾隆・嘉慶年間に盛んとなった経学には二派あった。一派は戴（戴震）・段（段玉裁）・二王（王念孫・王引之父子）と世に伝えられている、考証学の「正統派」と称する古文経学派であり、もう一派は荘存與・孔広森・劉逢禄を代表とする今文学派である。両派はそれぞれ主旨を異にし、別々の道を歩んでいた。近代経学のなかで今文と古文は並び立っていた。今文学の伝播が思想界の変動をまきおこしたのである[13]」

龔・魏はいずれも今文経学を研究し、しかも直接劉逢禄から春秋公羊学を受けついでいる。かれらは経学の著作を研究し、ある者はアヘン戦争前夜に近く、ある者はその只中に在った。このとき、中国では、「封建的支配制度、社会的生産の長期停滞という固有の矛盾と、それに加えて、日ましに強まるイギリスからのアヘンの輸入が中国の社会生活に重大な破壊をもたらしているという矛盾とが、一つに結びつきつつあった。これまでとは違った社会的危機の爆発が、まさに起ろうとする寸前にあったのである」。積極的に自分たちの時代に対応しようとする新しい一派として、龔・魏は当然のことながら後世の研究者から重視されている。しかし、かれらの経学の著作だけからみるならば、本質的には経学を説いているだけであって、この点では前世代の学者たちと何らの違いはない。評論する者のなかには、魏源は清代今文経学の基礎を築いた人、と言う者がいる。しかし、大年先生は、事実は決してそうではない、と考える。魏源の喧伝した「気運嬗《せん》化」（ものごとは変化する、の意）、「天人合治」などには、儒学の古義などは始めから存在せず、まったくの今文学のカスである。誇示しているものは、基本的な知恵などではなくて、神学的なデタラメにすぎない。龔自珍のほうは晩清の思想解放には相当の功績があり、梁啓超も龔自珍が公羊を引用して時政を譏《そし》ったと述べたことがあるなどと言っている。しかし大年先生は、また次のように指摘する。これは梁氏が経学研究と政治談義とを混同し、その結果、のちに長いあいだ誤解のもとになったのだ、という。大年先生の分析にしたがえば、龔・魏がかれらの生きていた時代を裏切っていないのは、主として次の二つの面にあらわれている、という。その第一は、「龔・魏は前人の今文経学にたいする研究を継承し、若干の主要な問題において議論を展開して、人目を引く新味を示した。これによって人びとに、儒学のなかにもなお渉猟するに足る別天地の在ることを伝えた。学術の面で追求心を失っていない封建知識分子にたいして、これが吸引力となった」こと、そして第二に、さらに重要なことは「かれらが今文経学を講じるのと同時に、現実世界の問題の討論にも気を配り、ときには大胆かつ尖鋭に語って人びとをおどろかせた。人びとは、かれらの現実問題の討論に注目すると同時に、これら経学の議論にも注目した。こうしてかれらの経学研究も際立ったものとなったのである」。

大年先生は次のように指摘する。龔自珍、魏源にはそれぞれかなりの作品があり、いずれもいわゆる「実学」または「経世致用」の学を追求したものである。それらは経学研究とともに龔・魏の著作のなかで重要な位置を占めている。だが、個別的な例外をのぞき、かれらは自分たちの政論、文学作品のなかに今文経学の言葉を引用したり、あるいは逆に公羊学の著作のなかで直接時事を論じたり、ということとほとんどやっていない。だからといって、龔・魏の学術思想が時務の思想と截然と分かれている、とは言えない。「かれらが経学研究と社会の現実への観察とにどう対処していたかに関係なく、公羊学の理論と思想方法とが、時務の思想と或る種の関係を生じるのは避けがたかった」。「公羊学は議論に長じ、思想はそれほどの束縛を受けなかった。このことはかれらが現実観察に深くかかわるのに有利であった。かれらは一方の脚を伝統的な学問のほうに伸ばし、もう一方の脚を社会の現実的矛盾の上に置いて、両者に或る種の関係を生じさせた。『改革』『変法』の叫び声はこのようにして叫ばれるにいたったのである」。社会生活のなかの矛盾が発展すればするほど、かれらの提起する問題は人びとの注目の的となる。「龔・魏は、地主階級のなかの懐疑派や革新派の姿を示していた。かれらは今文経学と時務討論とを一身に集め、一方では儒学を尊崇し宣伝しながら、一方では儒学を間接的に批判して、近代思想への解放の萌芽を生み出した。これはかれらの功績であった。だが、ここ止まりだったのである」。

龔・魏と同時代あるいは先輩と言うに足る人びとにたいして、大年先生は一定の篇幅を費して分析を加えている、かれはいう。これらの人びとは、著書は山のようにあるけれども、思想のほうは古くさくてカラッポである。「人びとはかれらのところから歴史発展の認識も社会生活理解のための啓示も得られはしない」。またいう。「学術研究の価値とは、人間が人類の歴史発展と社会生活の認識を推進させることにある。学術研究が提供する知識が、そういう認識を推進するのは、直接的でも間接的でもあり得るが、いずれも『推陳出新』（古きを推して新しきを出す）によるのであって、旧文化の反復再演によって実現できるものではない」。これは近代思想解放のもっとも早い萌芽がなぜ龔・魏から説きおこせるのか、ということだけであって、同時期の一連の公羊学者を同列に論じているわけではない。

＊　＊　＊

太平天国農民戦争勃発とそれが鎮圧された後のかなり長い時間は、今文経学と古文経学は「同時に衰退し、認識も停滞」した時期であった。

大年先生の分析によれば、その原因には三つある。第一は「地主階級知識分子のなかの多くの人が直接、軍事などの実際活動に身を投じ、太平軍に対抗するとともに、その途を進むなかで功名利禄を求めた。かれらはもともと学問研究など考えもしなかったのだ」。その第二は、「清代経学が発祥し隆盛となった地域は、もともと東南の数省だったことである。太平軍と清軍との戦場は、長期にわたってまさしく東南地区であった。太平天国が失敗したあと、これらの地域には、経学研究に有利な環境と条件がすぐには形成されなかったし、それは不可能でもあった」。第三は、「経学には以前の繁栄を過ぎたあとは、もし新しい思想が無ければ、世に出る文章もすでに乏しくなってしまっていたことである」。

もちろん経学を研究する人が無くなったわけではない。それらの研究は、後の人たちにたいしてもある程度の関係をおよぼした。大年先生によって、前の時代を受け継いでいる主要な学者として、邵懿辰、兪樾、戴望、王闓運などが列挙されている。しかし、先生は学派別にかれらを分類していないし、かれらの思想主張に多くの筆を費してはいない、かれらの個人の経歴と経学研究の面とから、周到な言葉でその共通点をつぎのようにまとめている。その第一は、「かれらはいずれも、太平天国の中心人物に反対し、程・朱の道学を重視し、封建文化の代表者を自任していた曾国藩と直接つながっていた」こと、第二は、「かれらの議論は書物の上に厳密にかぎられ、その思想は停滞していた。かれらは今文を論じたり、古文を論じたり、バラバラで、論争などしたこともなかった。論争しないどころか、緊密に提携していた」こと、である。このとき、今文学派、古文学派の別なく、農民反乱、儒学護持の点では、かれらは統一した派だったのである。「かれらには、だれひとりとしてその統一の境界線を越えようと表明した者はいなかった」。

注目に価するのは、作者がかなりの紙幅を費やして、太平天国の指導者洪秀全への儒学経典の影響について論じている点である。

大年先生は次のように指摘する。儒学経典の「六経」は中国古代史、伝統文化の基本的部分である。長期に、そして広きにわたるイデオロギーとして、封建支配階級が利用できただけではなく、農民およびその他の階級も利用できたのである。洪秀全は一八四七、一八四八年に書いた『原道醒世訓』のなかで、「天下爲公」「是謂大同」にかんする『礼記・礼運篇』の言葉を一字漏らさず引用している。一八五三年、太平天国が儒学の典籍を削除改訂した際に、これらの段落はすべて削除されたけれども、事実上は何も変わっていない。なぜなら「『天朝田畝制度』に定められているユートピアは、すでに太平天国全体の考えかたを規定してしまっているからである」。洪秀全の『礼運』からの引用には儒学経典の曲解とか誤解は全然無い。かれはそれを空前な規模を有する空想社会主義の実験に使っただけである。かくて、太平天国の社会改造方案、理論は、完全に中国伝統文化から来たものであることが、確実に分かる。

大年先生は、洪秀全が『礼運』の「大同」理想を「突き破った」貢献を高く評価する、かれはいう。『礼運』の大同・小康の説を一種の社会史変遷の認識と見なし、「大同」を人びとがあこがれる前途の理想世界としたのである。この「大同」は長いあいだ埋没していたようで、二千年間も注意を惹かなかった。漢学、宋学、今文、古文、みな沈黙を保ったままであった。それが、いまや洪秀全がおごそかな態度で、この問題を提起したのである。そして、とくに「大同」をひっくりかえし、もとは原始社会を指していたのを、未来の理想社会に変えたのである。もし「突き破った」という言葉を用いるならば、洪秀全はまさにここにおいて突き破りを実現したのである。「中国近代史上、洪秀全以後、『礼運』はしばしば人びとから高く評価され、論じられてきた。ブルジョア階級改良運動の指導者康有為、梁啓超は『礼運』を講じ、改良運動の思想家譚嗣同は『礼運』を講じ、ブルジョア階級革命運動の指導者孫中山も『礼運』を講じた。しかも、かれらはいずれも事実上洪秀全の方法を受け入れ、しかも何の説明も加えていない。もともと想像上の原始共産主義の『大同』を逆転させて、未来の理想である共産主義に変えてしまったのだが——それでもかれらは『大同』とだけ叫び、共産主義とは言わなかった」。「大同」という理想がなぜ二千年も埋もれていたのに十九世紀末から二十世紀初頭にかけて、人びとに重視されるようになったのか、これについて大年先生は一歩踏みこんだ説明は加えていない。これは西方資本主義およびその社会的生産力の急激な膨張が中国の旧来の社会秩序をふくむ世界を根本から揺るがしたためだ、と私は考えている。大年先生は文中で次のように言っている。銭穆は康有為を批判して、康のいう小康とは中国の「故有」（むかしからあった考え）だが、大同とは実は「西俗」（西方伝来のもの）なのである、と。これは側面からこの点を証明したものと言えよう。

＊＊＊

近代経学発展の第三の時期は、十九世紀末から二十世紀初頭にかけて、つまり維新運動からブルジョア階級革命運動の勃興までの時期である。

この時期は、時間的には大して長くない。しかし、まさに中華民族生死存亡の緊急な節目にあたる。今文派、古文派ともにこの時期に「にわかに沈黙を破り、同時に活躍をはじめた」。旧来文化の核心としての経学が、にわかに暫しの存在価値を示しはじめたのである。社会生活の現実、民族の運命、国家の前途とそれらが一つに結びついたからである。この時期は近代経学が積極的に活躍した時期であった。双方からたくさんの人物が登場し、たくさんの論題が争われ、学派の紛争は政治闘争と一緒くたになり、前後は入り乱れ、複雑をきわめた。『評近代経学』は当然のことながらこの時期に論述の重点を置いている。全文七万五千字（引言、結論、注釈をふくむ）のうち、この部分の論述がちょうど四万字を占めることからも、それが知れよう。具体的な論述においても、この部分はその前後とははっきりちがう。まず、時間的経過にしたがって、この時期の大きな論争を前後に関連する二つの闘争に分けている。すなわち第一幕の闘争が「今文学の挑戦、古文学の反攻」であり、第二幕の闘争が「古文学派の挑戦、今文学派の政治論争からの退却」である。このあとに、関連する学者とその著作、経学研究における思想主張、両派の論争の主要問題などについて、さらに節を分けてこまかく分析を加えている。このようにして時間的な連続性に配慮するだけでなく、双方の登場人物を紹介し、その思想主張が跡をとどめた相応の空間を論述しているのである。

戊戌政変前の一時期というのは、先生の著書にいう第一幕の闘争期間でもあり、晩清の学術論壇と政治論壇とが最も解放的に活躍した時期とも言うことができ、時間的には短かかったけれども、空前の繁栄といえる局面が現われた。今文経学と古文経学の双方の活躍した人物は数十人を下らない。その影響力、地位、学術上の貢献などから著者は双方から六七人ずつの「登場学者」（今文学派の登場主要人物には康有為、梁啓超、皮錫瑞、廖平、そして譚嗣同、徐仁鋳、樊錐などがおり、古文学派の登場主要人物には張之洞、王之謙、葉徳輝、そして朱一新、蘇輿、梁鼎芬などがいる）をえらび、簡単にかれらの生涯と代表作を紹介するのにとどまらず、一歩突っこんで経学研究におけるかれらの思想主張を批判紹介している。これらの批判紹介は、その大部分は字数はあまり多くないとはいえ、人物、代表作などの主要な特徴をよくつかんでいる。

たとえば康有為とその論著については次のように紹介している。

「康有為（一八五八〜一九二七）、号長素、広東南海の人、維新運動を呼びかけた思想家。一八九五年、進士に合格、工部主事を授けられる。『百日維新』に失敗して海外に亡命。かれの『新学偽経考』（一八九一年印刷）と『孔子改制考』（一八九二年編纂開始、一八九六年出版）は思想界を揺るがした二冊の書物である。もう一冊、人びとの注目を浴びた著作『大同書』は、出版がややおそく、内容も今文学を越えていた。そのほかの、『春秋董氏学』『春秋筆削大義微言考』『礼運注』などは、重要な地位を占めるものではない」。

梁啓超の経学研究、思想主張については次のように紹介している。

「梁啓超の今文学は康有為から出ているが、師の説にすべて同調しているわけでは決してない。康有為は『新学偽経考』を著して独断的な本音をしばしば示し、また緯書を好んで、孔子を神秘的に解説したが、梁啓超は、これらはいずれも好ろしくない、とした。かれ自身、三十歳以後は『偽経のことは絶対口にせず、『改制』についてもあまり口にしていない』と言っている。康有為が海外に亡命して、孔教会の設立、孔教の国教化を提起すると、国内にも賛成者が出た。梁啓超は反駁文を書いて次のように言った。漢以来、孔教が中国におこなわれること二千余年、学者はみな自分を孔教と考え、ほかの者を非孔教だとて排斥した。猿の群れが一つの果実を得るためになぐり合いつかみ合いし、老婆たちが一銭を手にするために罵り合い奪い合うようなもので、まことに情けない。これが二千年来、保教党がもたらした結果である、と、かれはここで、康有為とは、はっきり異なる態度をしめしているのである」。

また、張之洞の人となりについては次のように紹介している。

「張之洞（一八三七〜一九〇九）、号香山、直隷（現在の河北）南皮の人、当時湖広總督。かれは経学者として得意でいるのを潔《いさぎよ》しとしなかったが、維新運動と経学にたいするその態度は、湖北・湖南から全国にかけての動向にきわめて大きな影響を及ぼした。かれは始めは維新運動に足を突っこみ、しきりに康・梁を抱き込もうとしていた（一八九六年、かれは梁に親筆の手紙を書き、二十数歳の梁啓超を『卓老』〔すぐれた先生〕と持ちあげてお世辞をつかった）が、まもなく態度を変えて、極力維新運動に反対するようになった。実際にはかれは今文学派に反対する古文学派の指導的人物なのである。一八九八年四月、『勧学篇』を刊行、『旧学を体と為し　新学を用と為す』とて、封建的綱常倫理を強調した」。

つぎに朱一新の学術思想を紹介していう。

「朱一新の『復康長孺孝廉』など五篇の文章は、すべて康有為の『新学僞経考』を反駁したものである。かれは、康有為が前漢における今、古文の論争を曲解している要所を指摘している。『漢儒は激しく争っていたが、「左氏」は経を伝えていないと言っているだけで、それが僞書だとは言っていない』。また、康の方法も間違っていると指摘している。『史記』の引用も思いつきで、互いに矛盾し合っている。これらの手紙類はいずれも平静な気持で書かれた学術論争であり、事実を挙げ、道理を説いたものである。康有為の記するところによれば、かれと朱とは何度も反駁し合い、話し合った結果、朱は目ざめて、康の言う孔子の大道に同意するようになったという。朱の公開言論と手紙類は日常的なものにすぎない。しかし、学術だけを語り、政治を語っていない。この点で、朱一新は今文学派の廖平に似ているといえよう」。

いずれも言葉は短いが、筆端まことに鋭いものがある、といってよいだろう。

この期間における今文、古文学派の主要問題について、『評近代経学』は整理要約をおこなって、大きく二つにまとめている、第一は、以前から今、古文学には論争があった、ということ、第二は、今回の論争のなかで新たに提起されたのは、いわば双方の論争のカギともいうべき問題だ、ということ。

第一に属するものとしては、古文経学は果して劉歆の僞造であったのか、経学は微言大義を講じるべきか訓詁名物（名物は名称や事物の考証）を講じるべきか、口説（口づたえ）を重視すべきか伝記（書物の記載）を重視すべきか、『周礼』『左伝』『古文尚書』など数種の書物の価値をどう見るべきか、経学を講求するには何主義を抱くべきか……など、八つほどの問題がある。大年先生はこれらの問題について、正反両面に分けて、ひとつひとつ詳しい論述をおこなっている。

第二は、双方の闘争のカギの問題、すなわち「開新か守旧か、変法か変法反対か」ということで、これは時代が提起したきびしい課題である。

すでに引用したように、大年先生はここでもう一度中国社会の基本矛盾または主要問題を強調している。「このとき維新派が危機感にあふれた言葉ではっきりと提起した」のは、「救亡図存」「維新変法」や「振興実業」といった呼びかけや要求であった。そして重大な問題は、中国はけっきょくいかなる路によって民族独立、国家近代化の目的を果すのか、ということであった。

維新派の方案は「維新変法」であり、それは封建専制政体を改革し民権を興し、日本・ロシヤの君主立憲をそっくり見習おう、というものであった。頑固派と、もともと枝葉の部分的「改革」を主張していた洋務派とにたいしては、あわせて反対した。変法と変法反対とは、激動する時局の中心の渦巻きのごときものとなった。維新派の指導的人物は今文経学の鼓吹者でもあったから、今文経学、古文経学両派の論争は、維新派と維新運動の反対派とそれぞれ直接に結びつくことになった。

これについて大年先生は、つぎのように論述している。

「かれらは相互の政治主張の対立を、はっきりと『開新』と『守旧』の対立、実質的には変法主張と変法反対との対立に収斂していった。具体的にいうと、変法・民権・平等などの幾つかの問題についての対立である。今文学派および、かれらと同様の政治的観点を抱く人は、開新を主張し、変法を要求し、民権・平等を提起した。古文学派およびかれらと同様の政治的観点を抱く人は、守旧を主張したり、事実上守旧を要求したりし、変法に反対し、民権に反対し、平等に反対した。経学における『僞経』と『改制』に反対するかどうかの論争は、現実の闘争についての一種の手段にすぎなかったのである。

今文派は、これを維新派として概括することはできないけれども、その多くの人物は維新派とおなじ陣営に属していたし、古文派は頑固派と等しくはないけれども、その多くの人物は頑固派とおなじ陣営に属していた。今文、古文の両派はそれぞれの陣営の理論家であり、代弁者であり、宣伝者だったのである。学術観点と政治的立場、イデオロギー、階級関係は、ここでは密接に結びついていたのである」。

この点での大年先生の思想方向はきわめてはっきりしている。つまり維新変法に賛成、頑固守旧に反対、ということである。だが、学派の論争と政治闘争とが入りまじっているために、著者は単純な価値判断あるいは春秋の筆法による褒貶の方法を採っていない。できるかぎり双方の議論を借りて論じている。そのため、文中から得られる結論的な意見のなかには、読者によっては完全には賛成できぬものがあるかもしれない。しかし、作者が、「思想理論の領域からその闘争の全局面と実質とを人びとの前に示す」ことを実際に成しとげているために、読者がそこから受けるヒントや教えられるところは、まことに深いものがある、ということができる。

第一幕の闘争の結末はご存じのとおりである。戊戌変法は失敗し、今文・古文両派の闘争の形勢は、にわかに一変してしまった。変法活動にたずさわったり「康学」を講じたりした人は、このとき迫害を受け、二度と元の宣伝や評論には従事できなくなった。現実の政治闘争にも経学はもうかれらが世論を作りだす手段たりえなくなった。だが、「学術思想界にこうした反動的逆流が形成された」まさにそのとき、大年先生が第一次闘争の「余波」と呼ぶ事件がおこったのである。それは、ずっと今文経学を講じて来ながら変法活動とはまったく関係のなかった廖平が、このとき立ちあがって発言をはじめたことである、廖平は一方では極力康有為とやむをえず一線を画しながら、一方では公羊学・孔子改制、素王説などの問題で、古文派の非難に答えた。大年先生はこの点を次のように論じている。「康有為および今文学の仲間たちが発言権を奪われた状況のもとで、廖平が古文派の追撃にたいして回答を与えたのは、正しかった。そうしなければ、古文学の独壇場になる以外になかった。その、意味で廖平の回答は、この闘争の余波といってよい。しかし、余波でしかなかった」。

したがって、これにつづく第二幕の闘争も、「古文学派の挑戦、今文学派の政治論争からの退却」であり、一方の独壇場の局面のみとなった。だが、大年先生は、「反動的政変後に政治上の利益を獲得したことから、意気揚々たる」人びとに、この新しい闘争を担う資格がある、とは認めていない。なぜなら、かれらは社会が前進していく要求やその方向をなんら反映せず、したがって決して真の意味における勝利者ではないからである。このとき登場した古文派の学者は、政治的観点の急進的、または一時急進を志向した一連の新人たちで、古文学の陣営から飛び出した戦士たちであった。「かれらの活動は、歴史的変化の新しい段階と結びついていた」。この一幕の闘争の代表的人物は章炳麟(太炎)、劉師培、黄侃および章・劉と親しい関係にあった鄧実、黄節などである。かれらは古文派の陣営から飛び出した新人であって、もちろん頑固・守旧の古文派の先輩たちとは根本的に違ったところがあった。そうでなければ、慎重そのものの文章に満ちた『評近代経学』が、かれらのために章節を立てて論評を加えるはずがない。

かれらの経学研究における思想主張と若干の問題についての具体的な論争については、ここでは紹介しないことにする。しかし、大年先生が、章太炎は経学研究のなかで「康有為および同時代のすべての人をあきらかに越えている」と大きく総括している幾つかの点を、やはりここで繰り返し引用しておく必要があるとおもう。

まず、「最初に新しい眼光で孔丘を評価し、孔丘を一人の完全無缺、至高最上の聖人から、一人の普通の歴史家の地位に引きおろした。孔丘の形象は完全な虚構から比較的に眞実に近づいた」。さらに「経学研究の性質を変え、経典をこれまでの解説、賞揚の教条から、客観的研究、理解の対象に変えた」。そしてさらに、「孔丘と孔学の主要な功績を強調して、それは民族の歴史を保存し、民族の文化を保存し、それらが長期間、中国の民族精神の支柱の主要部分となった点にある」とした。これらの点に、章太炎経学講究の精髄がある、というのである。そして次のように言う。「それは古文経学の真実探求の態度を体現し、思想観点の上ではまた古文経学を越えていくものでもあった。孔子と孔学をどう見るか、人びとはここからはじめて科学的な論評を見るに至ったのである」。

＊　＊　＊

『評近代経学』の第三部分には、二度の闘争の中での経学と西学について一節を設けて論じている。民族の危機に対処して近代経学は、今文学と古文学の「内戦」をおこなっただけでなく、一致して外国に当たるところがあった。それは、西学の重苦しい圧力に共に立ち向わなければならなかったからである。

このときのいわゆる西学とは、近代科学技術をその堅実な基礎とする西方資本主義の学術文化のことであって、それは当時の人類が世界を認識し世界を改造する最高水準の、そして最新の成果を代表していた。しかしながら、科学技術の進歩はすべてが人類の福祉につながっていたわけではない。殺人の新しい手段である銃器や火砲は、まさにこの時期に長足の発展を遂げたのである。アメリカの発明家マキシム（H. S. Maxim）が改造した機関銃は、十九世紀末の「厚顔無恥な帝国主義者」のうえに、アジア・アフリカにおいて「劣等民族」と侮蔑された民族にたいする空前な優位をもたらした。まさに当時流行した戯《ざ》れ歌にいう「どんな情況になろうとも、こちらにはマキシムがあり、むこうにはない……」[14]。この戯《ざ》れ歌は、帝国主義が帝国主義たり得たのは科学技術の要素であり、第一に生産力の要素であることを物語っている。

新しい事物を学び、新しい書物を受け入れるとは、人間の主観的意志によってそちら側に場所を移すことではない。だが、西学が銃器火砲の威力をともなってやって来、人びとに迫ってきたとき、とくに経学を講じる人たちは、きわめて複雑な矛盾ひいては屈折した心情で、これを迎えることになったのである。

一八九七年、すでに高齢であった古文学者の兪樾は万事休す、という気持でこう言っている。甲午戦争（日清戦争）後の三年間、時局は一変し、風気大いに開け、人びとは争って西学を口にしている、と。かれ本人は西学を断固として講じなかったけれども、自分の教え子が西学のほうに行くのに反対する気持は持たなかった。大年先生はこう指摘する。「このことは、西欧資本主義の日ましに強まる衝撃が、中国思想界に中学と西学、新学と旧学の激烈な闘争を起こしたことの反映である、中学の核心部分の経学としては、必然的にこの闘争の渦のなかに巻きこまれていくことになった」。二度にわたる闘争のなかで、今文派と古文派とは、経学を講じるのと同時に、西学を講じないわけにはいかず、せめても若干の西学的議論を挿しはさんだ。康有為、章太炎の学問は「程度の差こそあれ、不中不西、または中学の表面に西学の色を塗りつけた、中でもあり西でもある、というものであった」。康・章以外の西派の経学者は、ほとんどの者が中学を西学にこじつけ、西方の事物や学説のなかには中国に古来からのものがある、とした。西方からそれらの学説を紹介したのであるから、まさに「礼失われ、これを野に求む」というものであった。

「これらの経学を講じる人、儒教を護持する人が、なぜ中学をどうしても西学にこじつけようとしたのか」。大年先生は次のようにするどい一撃を加えている。

「かれらの中には、これはウヌボレであり、謙遜が足りない、という人がいる。しかし、こういう言いかた自体が自己欺瞞である、かれらは何もウヌボレていない。内心あわてふためき、劣等感にさいなまれていたのである。西学の衝撃の前で無能であることの徹底的な劣等感である。中学を西学にこじつけ、西方の当時の一部の学説、事物は中国古代のそれと適合し、儒学と一致するという。だが、その実際の意味というのは、そのときの中国の封建文化はすでに独立の地位を失い、資本主義文化の侵入を防ぎきれず、それにこじつけることによって、自己の存在確保の道を求めよう、ということにあった。たとえそこには西方文化の侵略に抵抗し、突撃の声を挙げる多少の意義をふくんでいたにせよ、自分たちにはその文化侵入に抵抗する能力のないことの表明でしかなかったのである。なぜなら、その文化侵入は、外国資本主義の全面的侵入から来ていたものだからである、これは単に文化思想上だけで解決できるものではなかった。ましてや虚構の捏造、ごまかしとコジツケで、人の耳目を掩うことはできなかった」。

大年先生は文中で、中国と西方の文化関係における「西学東源」説の東源について、さらに一歩突っこんで検討している。

かれはつぎのように指摘する。早くも明の末年、イエズス会の宣教師がヨーロッパの若干の科学知識を中国にもたらしたとき、徐光啓を中心とする少数の知識人は、中学と西学の関係の問題を解決しようとこころみた。かれらの考えたことは、「会得してから乗り越える」であった。まず両者を「会得」し、そのあとで中学が西学を「乗り越える」というのだ。だが、その理想は貫けなかった。清代前期は中国の伝統文化が新知識を汲収しみずからを発展させる一つの機会であった。だが清代経学者たちはここでまた機会を逸してしまった。そのころ出現したいわゆる「西学東源」論は、西学は中学に源《もと》がある、と考えたのである。考証学者であり数学者であった王錫闡、梅文鼎をはじめとして、この説をとなえ、戴震、梅瑴成（梅文鼎の孫）などがあい継いでさらに問題を派生させ、拡大していった。戴震はさらに、『四庫全書』の天文算法などの書目提要のなかにおける資料を列挙して、西方の或る種の算法はまず中土から西方に流入し、さらに転じて中国に流入したことを証明しようとした。「西学東源」は、これ以後ほとんど清朝の当局筋の学説となっていった。

戴震は清代学者のなかで「最高権威であり、学問に精通し、新思想の持主」として讃えられていた。かれは、中国と西方の学術について、その方法論、認識論の面での違いを明確にし、実際の学術研究の中では、さらに西学の長所の吸収とその応用に心がけた。しかし、かれは中学の欠点をわざと暴かないばかりか、当局筋が満足するような「西学東源」説を極力鼓吹したのである。そこで現代の研究者のなかには、かれにたいしてかなり批判を持つ者も出てきている。大年先生は現代のこのような批判に注目するとともに切々たる気持をこめて、つぎのように指摘している。「『四庫全書』が編纂されてから百余年、近代経学の研究者たちはあいかわらず西学東源説の上を行きつ戻りつしている。だがその知識のほうは、かれらの先輩たちよりはるかに劣る、これは経学の悲劇にとどまらない」。しかし、先生は、文中では戴震の個人的責任を追及していない。一般の経学者たちによって思維の最高方法とされた経学の方法自体について、深い分析を加えているのである。

経学の方法とはなにか。それは書物至上、伝統至上、すべてを経典に依る、というものである。「議論というものはすべて、詩に云う、子曰くなどと引用することによって、それを根拠としているのである。儒学の経典上の是非が、かれらの認識上の是非にほかならない」。独創的な新しい思維は、このようにしてまず方法論のところで扼殺されてしまう。儒学者たちも学問研究には「実事求是」が必要だ、と強調する。しかし、かれらのいう「実事」とは、天文・数学などわずかの部門以外は、儒家の経典とその繁瑣きわまる考証資料に依るのみで、自然界の諸般の現象は視野の外に排除されるのである。大年先生のこれにたいする結論は次のとおりである。西方のスコラ哲学は自然科学を神学の奴婢に変えてしまい、清代のスコラ哲学——経学は暦法算学を儒学の奴婢に変えてしまった。「西学東源」論の盛行は、儒学体系の羈絆からの解放こそが、中国の伝統文化が新しい方法論、認識論を吸収し、自己を更新させる決定的なカギであることを説明している、と。

しかも、大年先生は史実の論証をふまえて、中国古代思想のなかの若干の内容が西方に伝わるとともに、一定の影響をあたえたことも、十分に肯定している。それだけでなく、イギリスの学者ニーダム（Joseph Needham）がかれの研究で得た一つの「新説」、すなわち、「唯物弁証法の起源は中国にある、イエズス会の宣教師が西欧に紹介し、それがマルクス主義者の科学化を経て中国にもどってきた」という表明に興味をしめし、つぎのように指摘しているのである。「ニーダムの議論は引きつづき研究する必要がある、これは相応の根拠がある」と。そして『評近代経学』の「結語」の部分では、さらにこれについて踏みこんで論じている。

＊　＊　＊

辛亥革命から五四運動まで、これは近代経学が末路を歩んだ終結の時期である。

この時期の近代経学についても大年先生は、おなじように両派の学者とその著作、経学研究における思想主張などの細目を列挙して、深い検討を加えている。この部分の論述も、近代経学の最終段階の運命についてわれわれの前に輪廓をしめしてくれる。一九〇五年の科挙試験廃止後は、儒家の経典はすでに事実上イデオロギー領域での支配的地位を失っていたが、一九一一年の辛亥革命後は、君主専制王朝の転覆にともない、経学は政治的上部構造による庇護も失ってしまった。したがって、袁世凱の尊孔の茶番劇があったり、康有為と章太炎らの孔教の国教化是非をめぐる問題についての一時的な論争と尊孔読経問題との最終的な合流の問題があったりしたけれども、五四新文化運動の「孔家店打倒」の潮流のもとで、近代経学も窮地に陥り、もはや二度と特定の支配的思想体系としての役わりを発揮することはできなくなってしまった。まさに大年先生が次のように分析しているとおりである。

「近代経学は歴史の産物であり、それは、歴史が提起した、完成しなくてはならぬ任務を完成したのである。今文学、古文学両派の激しい闘争は、経学の幾重にもかさなる矛盾と不合理性を暴露したのである。この矛盾と不合理性は、その自己暴露によってあらわになるもので、ほかにこれに代わる方法はない。五四新文化運動の『孔家店打倒』のスローガンは、近代経学およびその闘争を過去のものとする、と宣告した。同時に、経学二千年の支配的地位の最後の終わりを宣告したものでもあった」。

＊　＊　＊

『評近代経学』の「結語」は、四つの側面から全文にたいする総括をすすめるとともに、一歩踏みこんだ議論を展開している。

その一は、近代経学が具えていた、自分で自分を否定するという機能を指摘していること。経学がもともと有する機能というのは、儒学を論述することにあった。そして儒学の核心部分というのは、小農経済の土台の上に打ち樹てられた血縁関係、身分制度、君権至上の倫理と支配秩序にかんする教義であった。近代に入ってからは、経学の封建的イデオロギーの特性は、それ自身で自己を改造し、激しく変化するとともにその変化が続いている社会生活の要求には適応することができないものとなってしまった。だが同時に、風向きを見て動き、するどい現実闘争のなかに加わっていくようにはなった。このことは、その封建性と民族性が分かち難く深くかかわっていることを物語っている。中国の近代は、民族独立の喪失、社会的生産の落後という二大基本矛盾の突出が、一切をことのほか複雑にしてしまった。近代経学がかなりの程度にやったことは、旧思想の束縛を除去し、自分を否定する仕事をやったことである。自分を暴露し、自分を否定することは、とりもなおさず同時に、自分の存在価値を手にすることでもあったのである。

その二は、近代経学の有する形式と内容との矛盾を明らかにしている点。経学は中国の封建階級のイデオロギーであるが、近代経学のなかには民権・平等といった西方ブルジョア階級のスローガンや語句などがおぼろげながら現れて、多くの人びとが騒ぎ立てた。しかし、その形式と内容上の矛盾は、その封建主義的イデオロギーの性格をなんら変えはしなかった。これは、経学を講じる主要な人物たちが次のようにその思想主張を表明していたからである。そこでは儒学の体系、封建イデオロギーが、経学議論のなかでは依然としてブルジョアイデオロギーを圧倒していた。近代経学のなかで主導的地位を占めていたのは、封建主義の綱常倫理、儒学名教とその全体系であって、民主、平等といった観念ではなかった。民権、平等の観念が出現し、論争の火に油をそそいで、爆発的な効果をもたらしはしたけれども、とうてい封建イデオロギーに匹敵するものとは言えなかった。経学の性格は変わらなかったし、変えることもできなかったのである。

その三は、近代経学の「遺伝子からくる」二重性格、すなわち儒学の現実精神と復古主義とを分解してみせたこと。孔子の学説の基本内容は、直接社会の現実に向きあっていたことである。これはその大きな長所である。同時に、孔子は　礼楽の崩壊した乱世に生まれ、周礼の回復を求め、「異端を研究する」ことに反対した。このことはかれが復古を主張し、思想を閉鎖的なものたらしめた。近代経学は現実生活との接触を決して恐れたわけではない。龔自珍、魏源からすでに、原始儒教の現実精神が現れはじめていた。維新運動における今文派、辛亥革命前の古文派は、この長所をさらに一歩すすんで発揮していた。これは近代経学のもっとも重視さるべき部分である。しかしながら、またたくうちに、今文派と古文派はまたもや復古主義、閉鎖思想に転じてしまった。かれらの提起の仕方はそれぞれ異なっていたが、儒学にたいし、また社会の現実にたいする態度の後退という点では、違いはなかった。前漢・後漢の経学は、行く道は同じでなく、連絡し合っていたわけではない。かれらはいずれも儒学を解説し、それぞれに自分の性格をそなえ、境界線ははっきりしていた。この点も、近代経学の両派の異なった性格に及んでいた。

その四は、経学が歴史の舞台から退いたのち、なぜ最後にマルクス主義だけが中国に広く伝播するとともに中国固有の文化と結合するにいたったのか、という問題を論述している。大年先生はその原因として、次の四つを挙げている。その第一。中国の先進分子は一貫して西方に救国救民の真理を求めたが、帝国主義は中国の歴史と現実を乱暴に侵略し、そうした希望を打ち砕いてしまった。その第二。ロシヤ十月革命でボリシェビキはプロレタリア階級の指導する政権を樹立し、マルクス主義理論は現実の社会制度に変わった。中国の先進分子の眼前に新しい途が出現したのである。その第三。マルクス主義は科学的思想体系である。それは、土台と上部構造との関係、生産力と生産関係の矛盾と適合、私有制社会における階級矛盾と階級闘争、社会制度が低度から高度に発展するという理論、いずれも深くて明晰である。中国人は自己の文化背景、現実生活にもとづいてこの思想を受け入れるとともに、それを半植民地半封建中国の運命を変える闘争の武器に変えたのである。その第四。マルクス主義と中国伝統文化における古典的で素朴な唯物弁証法的思想とは通じ合うものがある。マルクス主義哲学には互いに連貫する二つの部分がある。一つは唯物論、二つ目は弁証法。中国の伝統哲学には、まず経学のなかに、この両者の科学的要素が流れていた。中国古代の唯物論思想と素朴弁証法は、臆測性と直観性を帯びているものの、近代科学の基礎の上に打ちたてられたマルクス主義哲学で加工しさえすれば、これを完全なものにすることができた。

大年先生は最後にこう指摘している。

「マルクス主義と中国伝統文化の結合は、中国文化の自己革新であり、中国文化の現段階における重要な発展である。孔子学説の支配が過去のものとなり、近代経学が終わりを告げたのは、歴史の前進による必然であり、理にかなっており不可避的なことであった。なぜ五四運動以後、西方のさまざまな新思想、新学説がどっと中国に入りこみ、それがウドンゲの花のようにまたたくうちに消え去って、マルクス主義だけが根をおろし、実を結んだのか。以上に挙げた四か条が、その回答である」。

（3）

以上、比較的多くの篇幅を費やして、『評近代経学』の内容の紹介をおこなってきた。しかし、それは依然として私個人の理解と結びつけておよその輪廓を描いたのに止まっている。私の目的も読者に大年先生が『評近代経学』という題目でどんな「結論」をしめそうとしているのか、基本的な印象を与えようとしたにすぎない。こうした輪廓や印象について、読者は完全にご不満であろうとおもわれる。なぜなら、原著の内容はきわめて豊富であり、文章も高度に洗練されていて、以上のような紹介だけではとてもその姿を再現できないからである。くわしく紹介しようとすれば、もっと多くの篇幅が必要となり、そうなると直接原文を読んだほうがよい、ということになる。まして原著の具体的な論述のなかには、なかなか微妙なところがあって、前後の文章の語感のなかを逍遙しているうちに言わんとするところが体得できる、というところもある。

人はよく科学研究の最終の成果を、水面に浮かぶ氷山の「一角」にたとえることがある。この言いかたは大変道理にかなっている。大年先生が『評近代経学』を執筆されていた労苦にも、大量の「水面下」の仕事があった。これは外部の人間の「言うべきことではない」かもしれないが、一、二の例を拾ってみるのは許されるだろう。

私の印象に深くのこったこんなことがあった。それは朱一新の関係資料をしらべていたときである。朱一新というのは金華学派の理学家（訳注—理学とは宋代の哲学思想）で、近代経学の争いのなかでは別にそれほど重要な人物ではなく、康有為が頭角をあらわしはじめたころ、若干の学術上の討論をおこなっただけである。しかし問題は、そのかれの生涯の仕事をもう少し理解する必要があったのに、現存する清人の著述や清史の資料をひろく当たっても詳しい記述がない。だが大年先生はかるがるしく努力を放棄しようとはされず、私になにか方法はないか、と相談された。私はあの尨大な清史資料に二度とさぐりを入れる力はないので、浙江省義烏市の地方志弁公室に直接手紙を書いて援助を求めた。だが、『評近代経学』の文中に朱一新に関係ある文章として出ているのは、こうした経緯はおもてに出さず、ごく簡単な二段落の言葉にすぎない。

もう一つ、清末の今文経学者廖平の著作を通読された件がある。廖平は経学の面での名声がきわめて高く、康有為の経学の主張に直接影響をあたえている。だが、その学術視点はしばしば変わり、著述にも牽強附会のものが多い。私など、かれの名を聞いただけで、「モノグサ婆さんの纏足」と言ったざれ言葉を連想して、恐れを成してしまう。ところが大年先生は、さらに良くその論を理解するために、ひと通り通読しよう、と決められたのである。忘れもしない一九九九年の春、私は木樨地《ムーシーティ》（訳注―北京長安街の西、復興門外一帯の地名。ここのアパートに劉大年先生は住んでおられた）の大年先生のお宅をたずねた。先生はニコニコ顔で、どうやら廖平を読み終えた、と言われた。ごくあっさりと一言で書かれている文章の本当の分量を、私は思い知ったのであった。

大年先生は、現代の学者の関連する研究成果を吸収することにも心がけておられた。周予同、楊向奎、楊伯峻、趙光賢などの著述はもとより、これらの人からみれば比較若い、湯志鈞、李学勤、朱維錚、姜義華といった人たちの論著も見ておられた。台湾・香港、海外、さらに他学科に関連する若干の論著にもつよい関心を抱いておられた。たとえば乾隆、嘉慶時代の古文経学の代表的人物戴震について、私は大年先生の原稿がたいへん高い評価を与えているのを見て、折をみて自然科学史研究所の故銭宝琮先生が戴震について違う見方をしていることを話した。大年先生は注意深く私の簡単な紹介を聞くとともに、さっそく参考のためにその原文のコピーをもらいたい、と言われた。

また、ニーダムの提起したマルクス主義東方来源説についても、こんなことがあった。大年先生はこの問題を定期刊行物で見たことがあり、のちに中国共産党中央の或る指導者も別の場所で一再ならず提起したことがあった。しかし先生は、その人の出身、経歴などを自分の言葉で語ることはできない。そこで先生は、私に言いつけて学術刊行物のなかからもとの出所を探し出し、最終的に現在の中国社会科学院研究生院院長の方克立教授に援助をお願いして、問題を解決した。

文章とは、書いた以上は人に見せなければならない。作者は当然のことながら、読者と自分の見方との交流を嬉しくおもう。『評近代経学』の文章は、読者との交流の仕方にも鮮明な特色のあることを、私に感じさせる。その文章は高度に洗練圧縮されていて、全然無駄がない。それが読者に不必要な表現上の枝葉にとらわれるのを免れさせ、直接に作者の思索のなかに融けこまされるのである。行文の落着いた風格と、自然に形成される結論とは、読者をして聡明な老人との平等な対話のなかで、いささかの抑圧や窮屈さもないことを感じさせるのである。

その年齢と経歴の関係から、大年先生は、南宋の愛国詩人陸游の晩年の詩作にしばしば共鳴を感じておられた。たとえば陸游のつぎの絶句をしばしば口にされた。

斜陽古柳趙家荘　負鼓盲翁正作場

死後是非誰管得　満村聴説蔡中郎(15)

（趙家荘という村へ行ったら、夕日が斜めにさしこんでいる柳の古木の下で、太鼓を背負った盲目の老芸人が、ちょうど蔡中郎の物語を語っているところで、村ぢゅうの人々が熱心に聴き入っていた。しかし死んでしまってからどんな評判を立てられても、これはどうしようもないことなのだ。訳注──『中国名詩選』下、松枝茂夫編、岩波文庫による。）

陳寅恪先生が『論再生縁』という文章で、「負鼓盲翁」の讖（予言）について言及されたとき、大年先生が校閲にあたり、この言葉の出典を指摘された。張友坤同志が『張学良世紀風采』図版入り文集を編纂した際、大年先生に序文を依頼された。先生は快諾したが『評近代経学』の「まえがき」で忙しく、引き延ばしているころに高熱を出して入院された。なかば昏睡状態のなかで断続的に「まえがき」を口述するなかに、完全な形で右の詩を引用された。

たしかに「死後の是非は誰か管《かん》し得んや」であり、かれもかれの同時代人も、すでに、あるいは今、歴史に向かって去りつつある。生前の「是非」は後人の批判にまかせるほかはない。しかし私はこう考える。大年先生はその時代に愧《は》じるところはなかった、と。『評近代経学』の行間から私は、ひとりの年齢高く徳深き学者が、倦まず休まず、学問に精進された精神を体得するだけでなく、当時、大行山脈の千山万谷のなかを転戦していた年若い戦士の面影を眼のあたりに見るような気がしてくるのだ。そしてそこからは、自由の神のために、そして思いのかぎり歌った青年学徒の心の声が、かすか

に聞こえてくるのである。(17)

二〇〇〇年七月稿
八月改稿

(1) 劉大年『評近代経学』一ページ。一九九九年十二月、『近代経学』の印刷進行時に大年先生はすでに重態で入院され、馬勇研究員と私とが引用文、注などの出典の調査、点検の仕事のお手伝いをしていた。ただ時間を急《せ》かれていたため、少からぬ疎漏の部分があった。二〇〇〇年五、六月に、大年先生生前の最後の二篇の手稿にもとづいて私は、『評近代経学』の全文について比較的詳細な文字上の校正をおこなったけれども、個別的なこまかい引用文などについての検討は残ってしまった。さいごに出来あがった本書については、文字のうえでの校正はすでに完了したことも、ここに述べておく。

(2) エンゲルスは、かれとマルクスとは書斎において戦闘した、と述べたことがある。劉大年はつねづねエンゲルスのこの言葉を自らへの励ましとしていた。姜濤『マルクス主義歴史学者劉大年』(『史学理論研究』北京、一九九八年第二期)。

(3) 一九四六年の晋冀魯豫中央局組織部編『個人調査表』の「個人歴史簡述および思想転変の経過」による。

(4) 原注。梁啓超はつぎのように述べている。儒教の行われること二千余年、人びとは群猿が一果を得、群嫗が一錢を得るために、なぐり合い、つかみ合い、罵り合い、奪い合うがごとく、その情まことに憐むべし、と述べている。

（5）原注。章太炎は、日本人遠藤隆吉のつぎの言葉を引いている。「孔子は支那の禍いの元である」。

（6）原注。韓復榘は孔子を尊び、孔子がまた「行時」（流行）してきた、と述べた。韓が殺されたあと、パンフレットが出て世にひろまった。その名は『如此韓青天』。

（7）劉大年『評近代経学』。本訳書　三ページ。

（8）劉大年『「追求集」序』。張海鵬『追求集、中国近代歴史進程探索』社会科学文献出版社一九九八年版に出ている。なお、劉大年『民族的《の》勝利、人民的《の》勝利』、もと一九九五年一月十五日『人民日報』掲載、のち劉大年『抗日戦争時代』中央文献出版社一九九六年版、第一五ページ、および劉大年『抗日戦争與《と》中国近代史基本問題』。同前、第一二五ページを見られたい。

（9）劉大年『評近代経学』、本訳書　八六ページ。

（10）エルマン（アメリカ、Benjamin A. Elman）著、趙剛訳『経学、政治和《と》宗族——中華帝国晩期常州今文学派研究』江蘇人民出版社、一九九八年。原書英文版はカリフォルニア大学出版社一九九〇年刊。

（11）エルマン『経学、政治と宗族』「序論」三ページと七ページ。『中国文化史の新方向——討論を待つ若干の意見（中国版の「序に代える」）　一二ページ。

（12）劉大年『評近代経学』一一ページ。

（13）劉大年『評近代経学』より。以下、同書からの引用は注記をはぶく。

(14) アシモフ(アメリカ、I. Asimov)『生命的《の》起源』(『自然科学基礎知識』第三分册)、科学出版社、一九七九年、四八ページ。
(15) 陸游『小舟游近村、舍舟歩帰』(小舟にて近村に遊び、舟を捨てて歩んで帰る)の第四。
(16) 陳寅恪(訳注―一八九〇~一九六九。北京大学教授。唐代などを中心とする著名な歴史学者)の著『論再生縁』なかで、両眼失明の恐れに遭った思い出を語って「これ以来、八方に医を求め、多くのところに食を求めたが、務観(陸游の字《あざな》)の『趙荘』の語は、ついに『蚤為《のみ》今日讖』となった」を書いた。大年先生はこのページの欄外に注をつけて、「陸游(務観)の詩に、『斜陽古柳趙家荘、負鼓盲翁正作場』という詩がある」と書いた。陳氏の著『論再生縁』(油印本)三八ページ下欄。
(17) 抗日戦争のさい歌われた『太行山中で』の歌詞のなかに「紅日照遍了東方、自由之神在縦情(思いのかぎり)歌唱」、また「千山万壑、銅壁鐵墻、抗日的《の》烽火、燃焼在太行山中」などの句がある。

あとがき

本書（原題『評近代経学』）は劉大年先生（一九一五年八月―一九九九年十二月）が最後の力をふりしぼって書かれた絶筆である。『明清論叢』第一輯（紫金城出版社一九九九年十二月）に掲載され、翌二〇〇〇年六月、校訂のうえ単行のパンフレット版が出た。

劉大年先生は范文瀾先生亡きあと長く中国社会科学院（もとの名称は中国科学院哲学社会科学部）近代史研究所の所長、ついで名誉所長に任じられた中国近代史研究の大御所で、日本にも知己が多い。中華人民共和国の初期のころ、日本からいろいろな代表団が招かれると、まず最初に中国の現状や文化の紹介や説明がおこなわれるのが常で、その中に「中国近代史」というのがあって、その担当者の劉大年先生が一時間ほど、団員の前で講義をされたものである。だから、日本人の知己は研究者以外にもたくさんいる。また、一九七六年度、東京大学文学部で一年間、講義を担当されたので、中国研究者以外にも多くの知己がいる結果となった。

先生は闊達、快活な人柄で、近代史研究所の所員は、掃除担当の職員から偉い先生がたにいたるまで一様に、先生のことを所長とか劉先生とかでなく、「大年同志《ターニエントンチー》」と呼んでいた。本訳書に収載した姜濤氏の文章（原題、劉大年與《と》『評近代経学』二〇〇〇年九月、「第二届近代與《と》世界」国際学術討論会論文）では、終始「大年師」と書いている。本書では「大年先生」と訳しておいたが、姜濤氏としては、親しみをこめて「大年同志」と書きたいところだったとおもう。

これは一九六五、六年のころ、私が早稲田の在外研究員として北京に滞在し、近代史研究所に出入りしていたときの見聞である。だが、先生は闊達の反面なかなか剛毅、骨太《ほねぶと》の学者で、「現代化」政策のもとで世間が急速に背廣姿に変わってきたあとも、中山服、日本でいう「人民服」に中国の布鞋《ブーシエ》を穿いて押し通された。東大出講のため一年間日本に来ておられたときも、その姿で通された。そういう風格が本書にもにじみでているように私にはおもわれる。

先生は何度も日本を訪問されているが、その最初は一九六三年十月である。京都の中国研究者の有志が発起し、東京の研究者もそれに呼應して資金を集め、中国から十一名の学者を自主的に招待したことがあるが、その代表団長の法学者張友漁先生が日本到着早々病気で入院されたため、団長役を劉大年先生がつとめられた。このとき東京で、一行を歓迎する役目をになっていた私や岸陽子は、はじめて先生にお逢いした。

翌一九六四年八月、北京でアジア・アフリカ・ラテンアメリカ四四か国三六七人の学者を一堂に会しての「北京科学国際シンポジウム」というのが開かれ、日本からは物理学の坂田昌一先生を団長とする六一人の代表団が行くことになり、私はその事務局次長、中国流にいえば副秘書長として、岸陽子は通訳団員として参加した。この会議のあと、各国代表団は、希望に応じて幾つかのグループに分かれ、国内旅行に案内された。私と岸の参加した西安・延安コースの引率責任者は、北京シンポジウム委員でもあった劉大年先生であった。この旅行中に先生との親しさを増すことになった。

この行事が終わったあと、私はひとりだけ中国に残り、早稲田大学在外研究員として一年間の予定で、近代史研究所に研究室を与えられ、自費滞在研究員となったのである。ところが翌一九六五年二月、廖承志先生を最高責任者とし、張香山先生を現場の責任者として四〇余名の中国人の専門家を集めて中国側が組織した『毛沢東選集』日本語訳刊行事業が開始され、北京滞在中の私に参加の要請があって、けっきょく近代史研究所に籍を置いたまま一九六六年七月まで、二年間、北京に「留学」する結果となったのである。

劉大年先生は、張友漁先生、侯外廬先生などとともに、会合の機会があるごとに、当時一人身であった私に、日本に帰国したら岸陽子と結婚せよ、新婚旅行には近代史研究所が招待する、と言い、その都度、乾杯の杯を挙げられた。そして一九六七年七月、その約束を果された。

一九八七年七月、盧溝橋事件五十周年に際し、日中人文社会科学交流協会が京都と東京で、日中両国の学者による学術シンポジウムを開催した。協会常務理事であった私は準備の仕事に当たっていたが、折あしく体調を崩し、シンポジウムには参加できず、家で病臥していた。中国側の代表団長劉大年先生は、私どもの家にまで見舞いに来てくださった。

これより前、東京大学出講のため来日されていた折、私と妻とは先生を椿山荘に招き、庭内などを案内したあと一席設けたことがある。先生は近代史学者として日本の山縣有朋のことを詳しく知っておられ、椿山荘が山縣の旧居と知って、たいへんよろこばれた。

一九九五年四月、村山内閣のとき、日本政府が十年間の予定で資金を出し、日中友好会館内に日中歴史研究センターというのが設置されることになった。このセンターは歴史認識を明らかにすることを目的とし、そのための図書の蒐集整備、日本と中国の研究者にたいする研究助成などの事業をおこなうことになり、その運営のために評議員会が組織され、隅谷三喜男先生がその議長となり、日中友好会館理事の私がセンター長となった。中国の研究者にも助成金を送ることから、中国側にも評議員会とセンターが設置され、評議員会議長には劉大年先生が就任され、爾来、毎年交互に訪中・訪日することになって、劉大年先生とお目にかかる機会が多くなった。

ところが、前述のように一九九九年十二月、劉大年先生が亡くなった。同時に絶筆の『評近代経学』が刊行され、中国側から日本の歴史研究センターにその日本語訳出版の要請があって、日本側の評議員会は同書を出版助成の対象とすることを決定した。そして、姜濤先生の『劉大年と「評近代経学」』を附して日本語版を出す作業が私に課せられたのである。

さっそく私を責任者として、第一章、第二章、第三章後半を日中学院講師の小池敏明、第三章前半を早稲田大学教授齋藤泰治、第四章を早稲田大学教授竹中憲一、付録の姜濤氏の文章を安藤彦太郎が担当して翻訳を開始した。また、引用古典の点検・調査を早稲田大学外国人教授孫猛が担当し、訳文点検を早稲田大学名誉教授岸陽子が担当した。

なお、引用文の翻訳については、島田虔次訳・龔自珍『清末民国初政治評論集』（平凡社）、近藤邦康訳・湯志鈞『中国近代の思想家』（岩波書店）を利用させて頂いたところがある。ここに記して感謝の意を表する。

二〇〇五年二月、歴史研究センターは十年間の業務を遂行して、解散と決まったが、これまでにこの翻訳事業は間に合わなかった。ただ、蒐集した書籍をどうするかなど、さまざまな業務が残っているので、実質的な解散になる前には、どうやら間に合うことはできた。このように遅れたのは、もっぱら私の責任であって、まことに申しわけなくおもっている。

劉大年先生の経歴や本書の内容についての紹介などは、姜濤氏の文章にくわしいので、ここでは述べないことにするが、最後に姜濤氏のことを紹介しておこう。

姜濤先生は中国社会科学院近代史研究所の所員で、その近代政治史研究室の主任。一九四九年七月生まれ、南京大学歴史学系を卒業、中国社会科学院研究生院教授でもある。中国近代史についての多くの著書、論文があり、とくに人口問題にくわしく、「中国近代人口問題的《の》再認識」「伝統人口的《の》性別與《と》年齢結構」「マルサス研究」など数多くのすぐれた論文を発表されている。深く劉大年先生に傾倒され、「マルクス主義史学家劉大年」（『史学理論研究』一九九八年）その他、幾つかの論文もある。本書に訳載した「劉大年と『評近代経学』」は、本書のきわめてすぐれた解説である。本書の読者の皆様には、まず姜濤氏のこの文章から読まれることをおすすめしたい。

劉大年先生の思想や研究方法には批判を有する向きもあるかとおもわれるが、そういう考えかたの人びともふくめて、先生のこの著書は中国近代思想史研究の面で私たちに裨益するところまことに大きい、と考える。私どものこの拙い翻訳を、つつしんで先生のご霊前に捧げたい。

本訳書は前述のように、日中歴史研究センターの研究助成事業の一つとして出版されるものである。同センターの評議員会の諸先生、日中友好会館理事長の村上立躬さん、センター事務局長の尾形洋一さん、その他面倒な事務にあたられた方がた、また、坂本健彦さんをはじめ汲古書院の方がたには、いろいろお世話になった。さらに、中国側の中国社会科学院近代史研究所で劉大年先生の後任所長であった張海鵬先生、翻訳打ち合わせのためにわざわざ来日された姜濤先生にも、種々のご配慮をいただいた。ここに記して衷心より感謝の意を表したい。

なお、二〇〇六年九月、王玉璞先生と朱薇女史を編者として『劉大年来往書信選』上下二巻七五八ページの大冊が、中央文献出版社から刊行されたことを付け加えておきたい。巻末には、劉大年先生の愛嬢劉潞女史（故宮博物院研究員）の「読後記」という文章が載っており、また、六四ページにおよぶ劉先生生涯の詳細な年譜も掲載されている。

往復書簡集だから、来函（たとえば井上清氏など日本人からの書簡も多い）と往函があるが、やはり「往函」のほうが多い。これらはいずれも日ごろから写しとっておかれたのだろう。「往函」には郭沫若、顧頡剛、廖承志といった名前もみえる。江沢民氏への「往函」（一九九五年五月）では、当時の日本情勢について率直な意見を具申しており、劉大年先生の日本認識を知るうえでの重要な文章となっている。この書簡集については、別の機会に紹介したい、と考える。

最後に翻訳について一言。本書の背表紙には便宜的に「代表」として、安藤の名前だけを出しておいたが、先に挙げた四名が分担して共訳したものである。ただし、訳文、訳語の統一のために、何度も会合を開き、検討を重ねた。したがって四名の共訳ではあるが、その中で、点検、連絡の中心の役割を果したのは、小池敏明である。私としては三名のかたに心から感謝をささげたいとおもう。

安藤彦太郎

二〇〇六年六月

近代中国儒学思想史

2007年７月31日　初版発行

著　　者　劉　　大　　年
訳者代表　安　藤　彦　太　郎
発 行 者　石　坂　叡　志
整版印刷　富　士　リ　プ　ロ

発 行 所　汲　古　書　院
〒102-0072 東京都千代田区飯田橋２-５-４
電話03(3265)9764 FAX 03(3222)1845

 ISBN978-4-7629-2816-1　C3010